聞萌噢：探索澳門氣味景觀

Oh Sniff the Whiff : Exploring the Smellscapes in Macao

黎美琪 Lai Mei Kei 著

責任編輯　江其信
書籍設計　後浪設計
書籍排版　楊　錄

書名　聞萌噢：探索澳門氣味景觀
Oh Sniff the Whiff : Exploring the Smellscapes in Macao
著者　黎美琪
Lai Mei Kei
出版　三聯書店（香港）有限公司
香港北角英皇道 499 號北角工業大廈 20 樓
Joint Publishing (H. K.) Co., Ltd.
20/F., North Point Industrial Building,
499 King's Road, North Point, Hong Kong
發行　香港聯合書刊物流有限公司
香港新界荃灣德士古道 220-248 號 16 樓
印刷　寶華數碼印刷有限公司
香港柴灣吉勝街 45 號 4 樓 A 室
版次　2024 年 12 月香港第 1 版第 1 次印刷
規格　16 開（170mm×240mm）248 面
國際書號　ISBN 978-962-04-5594-0
© 2024 Joint Publishing (Hong Kong) Co., Ltd.
Published & Printed in Hong Kong, China.

本出版物的出版獲得澳門理工大學資助（出版項目編號 ERP/FAD/2022-03）。

全50元100元
家
福20元38元1套 香

目錄

自序

筆者研究嗅覺科技藝術二十載，一直醉心於數碼科技的芳香世界，直至近年嘗試整理有關論述，不禁猛然抬頭自問，究竟嗅覺科技藝術之於人們當下的日常生活意義何在？一個學術界極度小眾的課題，對於一般市民大眾又有何意義？埋首於專書論著的同時，到底要如何讓大眾了解嗅覺科技藝術？

嗅覺科技藝術的創作及研究，但凡涉及科技創新，很多時候其內容及意涵都顯得直白又蒼白。直白在於創作人僅做出一種嗅覺特效，以之為催谷媒體流量的噱頭；蒼白在於設計大多選用果香及花香這些大眾化香氣，作為視聽內容的嗅覺再現。至於嗅覺藝術理念的顛覆性及批判性，大多只在藝術圈獲得重視，對於普通市民來說是距離十萬八千里的事情。於是，用家不明所以，旁人聞過即忘，嗅覺科技體驗好像為了做而做、為了有而有，最後落得曇花一現的光景。然而，日常生活氣味之豐富以及其蘊含的文化意涵，其實遠不止如此。尤其在疫情過後，嗅覺感官與芳香生活之於城市人的意義，得到前所未有的重視，雖然不及視聽感官的多姿多彩，但總算泛起一絲絲漣漪。從個人身心的癒療到家居氛圍的營造，氣味不再被當作可有可無的感官體驗，只是在當今科技世界裡尚未被人們真正理解。這驅使研究者要從數碼科技的芳香世界回歸真實生活的芳香世界，好好探索氣味之於當代生活的意義。

2024 年，拙作《鼻聞萌：當代嗅覺科技藝術與日常》有幸在香港三聯出版，該書主要從氣味日常、氣味美學、氣味科技三個方面展開，輔以過去的創作實踐，論述當代嗅覺科技藝術與日常生活結合的可能性。而本作從數碼科技回到真實世界，探討城市生活中各種各樣的氣味，巡遊城市的氣味景觀，以筆者從小生活長大的澳門為例，從「聞香是香」、「聞香不是香」、「聞香還是香」三個層次，講述如何透過嗅覺感官去認識氣味、認識世界以及認識自己。翻閱本書，讀者可以透過感受日常生活的氣味，了解城市背後的文化脈絡，繼而發現內在的自己。

引言

詩人黛安・艾克曼（Diane Ackerman）曾經相當詩意地形容嗅覺感官：「在那一呼一吸之間，我們像是把整個世界穿透身體一樣。」（*"When we breathe, we pass the world through our bodies."*）[1] 詩句言簡意賅卻又充滿無限想像。一個極其沉默的感官，卻深深影響著人們的情感、記憶與行為。到底，我們可以如何在日常生活裡，感受這種猶如把整個世界穿透身體一樣的魔力？如何透過嗅覺感官去認識鼻尖下的城市，以至身邊的人和事，甚至內在的自己？

氣味景觀（Smellscape），指的是人所能感知及理解的嗅覺環境。相對之下，景觀（或稱風景，Landscape）指的是眼所見得到的景象，可以是大自然的地形外貌，又或是城市的視覺景象，指一個地方可以讓人看得到的視覺特徵。聲音景觀（Soundscape），或稱聲音地景、聲景，指的是聽覺環境、由聲音所建構的整體範圍，關乎聲音與地方的關係。當談到城市景觀，人們大多想到由自然地形及建築組群構成的視覺地標。而聲音景觀包括大自然、動物、人類、人造機器所產生的環境聲音，可分為記憶音、意象音、文化音、社會音，代表了一個地方有關聲音的文化價值。究其背後意義，這些都可以稱為文化景觀（Cultural Landscape）。如果套用文化地理學家卡爾・奧特溫・蘇爾（Carl Ortwin Sauer）的論述，文化景觀是由文化團體形塑而成的自然景觀，文化作為驅動力（agent），通過自然區域（natural area）這個媒介，產生文化景觀的結果（result）。蘇爾強調文化與自然共同形塑社會生活脈絡，從而造成景觀（scape），這關乎文化與地方的關係。在這個論述框架下，感官可作為一種途徑，讓人透過視覺、聽覺、嗅聞去認識及形塑一個地方的文化。

「氣味景觀」概念最早由文化地理學家 J・道格拉斯・波蒂斯（J. Douglas Porteus）於 1985 年提出，指由氣味構成的景象，關乎氣味與地方文化的關係。2013 年，從事城市設計與規劃的維多利亞・亨肖（Victoria Henshaw），將論述延伸至城市氣味景觀（Urban Smellscapes），指出其就像是一個城市發展的文化印記，由不同氣

---

1 Ackerman, D. (1991). *A natural history of the senses*. Vintage.

味碰撞混合而成，並在時間及空間上不斷進行演變。然而，氣味之於日常生活的意義，並非只有宏觀的城市層面，還有微觀的個人層面，二者共同形塑出城市生活文化。每個人的嗅覺感知及理解因應特定的情境（context）受到記憶和過去經驗影響，具有集體性及個體性。正如社會人類學家尤里・阿爾馬戈爾（Uri Almagor）指出，日常生活的嗅覺經驗包含公共領域及私人領域兩個層面的意義，屬於一種情境脈絡的聯繫（contextual association）。

因此，氣味景觀理應不限於城市，還可以延伸至個人層面，人們通過探索身處城市的氣味景觀，從而發現內心的氣味景觀。前者是外在景觀，即由城市不同環境氣味構成的文化景象；後者是內在景觀，是個人生活中不同情境氣味構成的生活景象。正如視覺藝術的風景畫（Landscape Painting）同時涵蓋偏向環境紀實的「自然風景畫」以及藝術家移情述懷的「想像風景畫」，或寫實，或抽象，都是經由藝術家視覺感知及理解後所描繪出來的景觀。

本書提出「聞香是香」（Smelling Scents as Scents）、「聞香不是香」（Smelling Scents Not Simply as Scents）、「聞香還是香」（Smelling Scents just as Scents）三個層次，論述如何藉由嗅覺感官去認識氣味、認識世界以及認識自己。筆者以從小生活長大的澳門為例，展開一系列的城市氣味探索，從氣味漫步開始，結合感官民族誌的實地考察，探討如何透過嗅覺感官認識身處的城市，發現日常生活的真善美，感受在地的人情味，創造不一樣的芳香生活之美。

§1 馬交「聞香」之旅

澳門，一座既擁有豐富的世界文化遺產，又具有大型綜合度假村的休閒城市。從中西歷史文化的足跡，到當前藝術娛樂的展演，從文化遺產到非物質文化遺產，從美食之都到演藝之都，每每展現澳門這個彈丸之地的不凡氣息。澳門特別行政區政府近年提出經濟適度多元發展規劃，大力推動地方文化以及旅遊多元化發展，期望結合創新科技在文化創意產業上的應用，凸顯城市的歷史文化特色，促進藝術創意發展。以往的城市藝術文化體驗，大多側重於視聽經驗的層面，在一切吸引眼球的視覺影像、循環不息的音樂、口味豐富的味覺享受之下，試問人們對這個城市的認識會有多少？而在眾多感官體驗當中，藉由嗅覺喚回的記憶與情感，往往是最持久亦最鮮明的。出於歷史、地理、文化以及經濟等原因，人口的高度密集及快速流動，造就了澳門這個城市川流不息又變化萬千的氣味。

多元匯聚的香氣

澳門在清乾隆以前曾經被稱為「濠鏡」。[2]，十六世紀中葉，葡萄牙人抵澳後，以葡萄牙語稱之為「Macau」，其後由媽閣廟民間故事衍生出「馬交」之名。四百多年以來，原先充滿蠔殼及鹹魚香的小漁村，漸漸發展成為一個彌漫國際星級品牌酒店香氣的大都會。雖然如此，小城從來不失地道特色，葡撻的酥皮香與豬扒包的鹹香在街頭巷尾碰撞，完全沒有任何一點違和感。這座城市一直承載著豐富的中葡文化，從宗教信仰到飲食習慣，兩者美麗並存，就如哪吒廟

2 《澳門記略》云：「濠鏡之名著於《明史》，其曰澳門。」

與大三巴毗鄰相靠[3]、玫瑰堂與女媧廟[4]近在咫尺。時至今天，中葡雙語依然並列為澳門的官方語言。在這片土地上，除了佔比九成的華人以外，還有葡籍、菲律賓籍、越南籍以及其他國籍人士居住，位於澳門本島的三盞燈及小泰國[5]分別彙聚來自緬甸、泰國等東南亞國家的華僑及外勞傭工，衍生出該區特有的地道美食香氣。

澳門這個佔地總面積僅有 33.3 平方公里[6]，約有 68 萬人口的小城，人口密度接近每平方公里 2 萬人，多次被評為中國人均 GDP 最高的城市，其博彩業收入甚至超越美國拉斯維加斯，故此有「亞洲拉斯維加斯」稱號。即使在疫情衝擊之後的 2023 年，澳門全年仍然吸引約 2,800 萬人次的旅客到訪，即平均每日客流量約有 7.7 萬人次。[7]根據《全球金融》雜誌（*Global Finance*）公佈的「2024 年全球百大富有國家或地區」排行榜，澳門躋身於全球第二位，僅次於盧森堡，這是以人均國內生產總值（GDP）和購買力平價（PPP）作為評比依據計算。澳門特區政府近年為落實「1 ＋ 4」經濟適度多元發展策略[8]，除了豐富世界旅遊休閒中心內涵，還着力發展非博彩元素，建設「演藝之都」，推進舊區活化，發展娛樂表演、體育盛事、社區旅遊等項目，這些都造就了澳門多元匯聚的香氣。

3　哪吒廟，據說當年民眾為祈求平安順利度過瘟疫而建，目前供奉民間神話人物哪吒。大三巴（本名為聖保祿教堂）前身是耶穌會聖保祿學院，為遠東地區第一間西式大學，專門培養傳教士到東亞以至東南亞各國。

4　玫瑰聖母堂是每年澳門花地瑪聖母聖像巡遊起點，花地瑪聖母象徵祈求普世和平救贖。女媧廟（又名靈岩觀），據說往日澳門青樓女子大多前往此廟祈求姻緣。

5　三盞燈（正名為嘉路米耶圓形地）是緬甸華僑以至東南亞外勞聚居地。小泰國（即荷蘭園二馬路）是泰國華僑及外勞聚居地，每年在此舉行泰國文化節。

6　根據澳門特別行政區政府地圖繪製暨地籍局資料顯示，截至 2024 年 6 月。

7　根據澳門特別行政區政府統計暨普查局 2023 年 12 月統計資料顯示。

8　在澳門特區政府提出的「1 ＋ 4」規劃，「1」代表綜合旅遊，「4」代表四大產業（大健康、現代金融、高新技術、會展商貿和文化體育等），致力打破澳門過去單一產業的經濟模式，提倡推動經濟適度多元發展。

市井人情的香氣

澳門小城從前簡單樸素，社會鄰里關係融洽，人情味飄逸於大街小巷，走在街上總是可以輕易碰到相識的人。時至今日，雖然城市急速發展，但只要有機會走進茶餐廳，又或去到街市裡，仍然可以感受到這股獨特又濃厚的人情味，街坊鄰里總是閒話家常，彼此問候。澳門地方小，人口密度高，就算新相識的人，言談間總是能夠找到彼此之間的交匯點，可能是同學的朋友、朋友的同事、同事的家人、家人的同學等等。那種廣東話俗稱為「藤掕瓜，瓜掕藤」的人際關係，真是千絲萬縷又相當微妙。據說香港導演彭浩翔當年執導並編製的電影《伊莎貝拉》，故事也是取材自澳門這種人際關係網絡特別緊密的社會背景，講述電影的男主角不知就裡，竟然與自己初戀情人的女兒發生曖昧的關係。

澳門社會關係緊密，同樣反映在社團數目上。2018 年的一項調查統計顯示，當時登記註冊的社團已達 9000 個，即大約每 75 個人就有一個社團，有些社會人士更同時參與多個社團，一張個人名片載有十多個社團單位職銜，完全不足為奇。澳門社團數目繁多，是眾所周知的。這些因素促使本已相當密切的社會鄰里關係，又進一步被拉近，使得澳門這個 GDP 排名高企的城市，擁有與別不同的人情味，坊間有人稱此為「社團社會」[9]。可是，正如澳門文化評論學者李展鵬提出的疑問，澳門除了很有人情味以外，還有什麼呢？[10]

文遺非遺的香氣

澳門的文化遺產，無論是有形或無形的，過去一直自然而然與居民的日常生活並存共生，如呼吸一樣自然，社會大眾沒有為此而感到稀奇。直至 2003 年澳門開放賭權引進外資博彩企業，適逢中央政府

9　婁勝華：〈回歸後澳門社團發展與社會角色的嬗變〉，《二十一世紀評論》，總第 176 期，2019 年，頁 15–27。

10　李展鵬：《隱形澳門：被忽視的城市與文化》，台北：遠足文化，2018 年，頁 28。

開放「自由行」政策，內地遊客來澳數字急促增長，外地與內地人口不斷湧進，在努力發展成為國際都會之時，澳門的歷史文化遺產得到了前所未有的高度重視。以澳門舊城區為核心的歷史街區，在2005年被獲列入世界文化遺產名錄。該城區由二十多座歷史建築及八個前地（廣場）並相鄰街道組成，既保留著中葡特色的古老街道、住宅建築以及宗教場所，同時蘊含著不同文化思想與風俗習慣，人文風貌並未因為城市的發展而褪色。這正正體現出澳門在文化、藝術、建築及城市規劃等不同領域，都無愧於中西交流重要樞紐之稱。

其後在 2013 年，澳門特區政府進一步將非物質文化遺產納為保護對象，至今累計已有 70 項，當中有 11 項更列入國家級非物質文化遺產名錄，包括涼茶配製、魚行醉龍節、土生葡人美食烹飪技藝等，在在體現了這城市獨有的非遺氣息。而非遺傳統手工藝技能當中，有不少都散發著日常生活常接觸到的香氣，例如葡撻、牛油糕、龍鬚糖、杏仁餅、唐餅、嫁喜禮餅、醬料釀造、涼果、竹昇麵、神香等製作技藝。由此可知，澳門從文化遺產到非物質文化遺產，都充滿了不一樣的人文香氣。

藝術文化的香氣

澳門除了擁有豐富的文化遺產以外，亦有深厚的中西藝術文化淵源。曾幾何時，澳門是西方藝術最早進入中國的窗口。十六世紀後期，天主教耶穌會傳教士利瑪竇（Matteo Ricci）帶著西洋宗教畫，經由澳門進入中國大陸送呈明萬曆帝。十七世紀後期，清初山水畫家吳歷跟隨耶穌會傳教士柏應理（Philippe Couplet）來澳修道，其間受到西方繪畫訓練影響，促使中西詩畫融通。十八世紀初，意大利耶穌會士郎世寧（Giuseppe Castiglione）來澳學習中國語言及習俗，繼而進京成為宮廷畫家，建構了日後別具一格的中西合璧宮廷畫風。他的繪畫既有中式花鳥畫的線條筆觸，又有西方解剖透視的寫實。到了十九世紀上半葉，來自英國畫家錢納利（George Chinnery）以西洋畫方式，描繪當時澳門的人文風景，為昔日民俗風貌作出重要記錄。隨著二十世紀中國內地南下的藝術家陸續遷移定居在澳門，結合了東洋畫風和西洋畫風的嶺南畫派創始人高劍父，以獨特筆觸記錄了中國南端小城的風貌。這些無論是旅居的、定居的，抑或埋葬於此的中外藝術家，都在這裡留下藝術創作的足跡，塑造了澳門獨一無二的中西藝術文化氣息。

然而，這裡的藝術文化發展並未因此而只顧著戀舊。2019 年，澳門特區政府為落實《粵港澳大灣區發展規劃綱要》提出「打造以中華文化為主流，多元文化共存的交流合作基地」的文化戰略定位，趁著回歸二十週年之際，推出「藝文薈澳」（Art Macao）大型國際文化藝術活動，聯同多個外國駐港澳總領事館以及澳門綜合度假休閒企業，打造全城藝文節慶，延伸至城市不同角落，為市民帶來一場城市藝術文化盛宴。到了 2024 年第三屆，澳門特區政府期望藉此打造國際雙年展品牌，著眼於文化旅遊體驗，並進一步推動澳門藝術專業化，發展與世界接軌的當代藝術。

藝術即經驗

這種將藝術當作體驗的概念，其實早在 1934 年美國著名教育家約翰．杜威（John Dewey）已經提出，他的思想對現代教育影響深遠。杜威提出「藝術即經驗」（Art as Experience）[11]，強調在日常生活裡經驗美，認為經驗最完美的表現就是藝術，經驗是人作為有機體（organic）與環境互動的結果，當中包含實踐與經受（doing and undergoing）的過程。藝術涉及各種情感、意志、知覺、反應等，是理性與感性相互融合的產物，為一種「完整經驗」。日常生活所發生的經驗，理應彰顯「美」的本質，杜威認為「藝術的源泉存在於人的經驗之中」。

美學家蔣勳曾經談到，生活之美在於透過五感經驗去感受，他指出「美學」一詞最初源自哲學，那是透過感官感知的學問，關乎人的情感與感覺。[12] 蔣勳認為生活的美是透過人的感覺去感受的，雖然感知

---

11 Dewey, J. (2008). Art as experience. In *The richness of art education*. Brill. pp. 33-48.

12 蔣勳：《美的覺醒：蔣勳和你談眼、耳、鼻、舌、身》，台北：遠流，2006 年。

是中性的，沒有美與不美之分，但人們在感知過後聯繫到大腦，其產生的美感判斷，必然是經由感官而來。因此，他認為美學最終是超越感官而達至心靈層面的。

「透過開啟的百葉窗，閃進懶洋洋的陽光。騎樓正被最近的雨水，抽打得面目全非。巨大的蓮葉，被濃厚的香火圍繞。懸吊著燈籠的市集散發香燭的氣味，花崗石砌的山徑陋巷充塞著迷惑與神秘。」[13]

—— 馬若龍（Carlos Alberto dos Santos Marreiros）

澳門著名藝術家及建築師馬若龍曾經這樣描述小城一隅。他所形容的澳門小城生活，似乎不止於現時文化旅遊推廣所側重的視聽之美那麼片面。澳門似乎還蘊含著更豐富的生活之美，有待開墾發掘。那麼，人們可以如何超越視聽感官，感受體驗不一樣的澳門？如何能夠像艾克曼所言，在一呼一吸之間，把整個澳門穿透身體？這將會是一場有趣的澳門「聞香」探索之旅。

---

13 繆鵬飛編著：《澳門現代藝術十五年 1985-1999》，澳門：澳門藝術博物館，2004 年，頁 12。

§2 聞香是香、聞香不是香、聞香還是香

由此，本書提出「聞香是香」(Smelling Scents as Scents)、「聞香不是香」(Smelling Scents Not Simply as Scents)、「聞香還是香」(Smelling Scents just as Scents) 三個層次，探討如何透過嗅覺感官去認識氣味、認識世界以及認識自己，透過感受日常生活的氣味，了解城市背後的文化脈絡，繼而發現內在的自己。筆者以從小生活長大的澳門為例，展開一系列的城市氣味探索，從氣味漫步開始，結合感官民族誌的實地考察，探討如何透過嗅覺感官認識身處的城市，發現日常生活的真善美，感受在地的人情味，創造不一樣的芳香生活之美。

從「見山是山」到「聞香是香」

「聞香是香」、「聞香不是香」、「聞香還是香」的三個層次架構，借用自「見山是山」、「見山不是山」、「見山還是山」的論述。[14] 原文出自《五燈會元》卷第十七中青原惟信禪師的公案：「老僧三十年前未參禪時，見山是山，見水是水。及至後來，親見知識，有個入處，見山不是山，見水不是水。而今得個休歇處，依前見山祇是山，見水祇是水。」[15]

第一層「見山是山」，指望看山嶺，便直接看見一座山嶺的存在，看到的只是事物的表象，是單憑感官而來的發現，看到什麼就是什

---

14 *Seeing mountains as mountains; Seeing mountains not simply as mountains; Seeing mountains just as mountains.*

15 *"Thirty years ago, before I began practising Zen Buddhism, I saw mountains as mountains and waters as waters. After that, my knowledge has improved and I've begun to see through the facades of mountains and waters. Now I'm finally resting and I see in front of me, mountains remain as just mountains while waters remain as just waters."*

麼。這一層是為「立」，即一種「確認」的階段。喻指人們在探索的初期以所看見的為事實之全部，為一種「知而未悟」的認知境界。

第二層「見山不是山」，指望看山嶺，看見的不止於一座山嶺的存在，而是看出山嶺所代表的種種意涵。這一層是為「破」，即一種「否定」的階段。喻指人在進入知識的大門以後，試圖探究表象下的真相，如煙如霧，似有還無，充滿了懷疑、困惑以及批判，為一種「悟即未悟」的探索境界。

第三層「見山還是山」，指望看山嶺，看見的仍是一座山嶺，但感受到的卻是內在的心境，對世界以至自己有洞徹的了解，似是目空一切，心裡卻最踏實，活在當下，歸回初心，活出本我。喻指人在洞悉世情過後，體會到本質的純粹，返璞歸真，這一層是為「歸」，即一種「歸回」的階段，為一種「無悟無不悟」的澄明境界。

如宋代詞人蘇軾《定風波・南海歸贈王定國侍人寓娘》所言，「此心安處是吾鄉」，只要心安於當下，哪裡都是家的體悟，自是一番豁然開朗的感覺。來到今天，「見山是山」、「見山不是山」、「見山還是山」這帶點禪意的哲理，常被用來形容求學以至人生的不同階段。

以藝術創作為例，繪畫創作的第一層是學習基礎，著重描繪眼前所見到的景物，是對事物表象的記錄，或對現實存在物的再現，以此作為一種敘事表達，例如自然風景的模仿、宗教故事的呈現、人物神情的表達等。李奧納多・達文西（Leonardo da Vinci）主張繪畫為對自然的模仿，畫家應觀察自然並以此作為事實之基礎。中國春秋「六藝」的禮、樂、射、御、書、數，著重的也是對技能禮節的掌握。

繪畫創作的第二層，描繪的不止於眼前所見到的事物表象，而是畫家自身的感受與經驗，就像印象主義畫家捕捉的是自身視覺感官當下瞬間接收到的色彩及形體，著重感官經驗多於事物的本體。例如，克勞德・莫內（Claude Monet）的《印象・日出》（*Impression-Sunrise*）描繪的就是畫家對海港日出的瞬間視覺經驗。而後印象主義畫家保羅・塞尚（Paul Cézanne）創作的蘋果、橘子等靜物系列，描繪的超越了蘋果及橘子物象的本身，著重表達畫家心中蘊含的情感及意念，為畫家主觀的造境。他認為繪畫不是為了模仿自然，而是自我表現與觀念表達。塞尚極大影響了後來現代藝術的發展，被譽為「現代繪畫之父」。

來到繪畫創作的第三層，描繪的縱然仍是眼前所見到的景物，但作品的詮釋與蘊含的敘事，視乎畫者的演繹或觀者的參與而異，體現於當代藝術的發展。約瑟夫・科蘇斯（Joseph Kosuth）的《一把和三把椅子》（*One and Three Chairs*）就是要挑戰「椅子」為何物的觀念。藝術的本體最終歸回藝術詮釋的意義。中國繪畫藝術對於「天人合一」的追求，就是將景物、畫家、觀者合為一體，達致萬物歸回本質的狀態。

那麼，這三層論述放諸「聞香是香」、「聞香不是香」、「聞香還是香」，又可以如何理解？

聞香是香（Smelling Scents as Scents）

聞到什麼香氣就是什麼香氣，單憑氣味去認識事物的本體。生活在城市裡的人，每天與各式各樣的氣味「擦鼻而過」，人們可以透過嗅聞去感知花香、茶香、果香等等。因著人口密度與組成、城市發展與規劃、景觀地勢與天氣、風俗文化與習慣、節慶活動與飲食等等，每個城市的氣味相似卻又大不同。在日常生活每個角落，充滿著各式各樣流動的氣味，混雜卻極具特色，形體虛無飄渺，但感受卻是實實在在。在那一呼一吸之間，如何把一個城市的氣息像穿透身體一樣去感受？

本書第一章將介紹如何透過聞香去認識一個城市的氣息，了解如何藉由一邊散步一邊嗅聞的方式，跟隨鼻尖的帶領，探索那些或熟悉或陌生的街頭巷尾，從而認識城市背後的歷史文化以及地方生活特色。首先，本書將從近年流行的散步學談起，了解散步如何成為城市生活的形態、思考人生的方式、社區關係的聯繫、文化體驗的遊歷，以及藝術創作的源頭。然後，從人類學感官民族誌的角度切入，探討如何從研究到創作，認識感官背後的文化解讀以及社會意義，並以聲音景觀與聲景漫步為例子，了解如何透過感官漫步去進行城市記錄、實踐創意、連結生活以及轉化為社區藝術。最後，探討如何從氣味漫步、氣味景觀、氣味地圖等多方面，了解一座城市的氣味遺產等等。

聞香不是香（Smelling Scents Not Simply as Scents）

聞到的香氣不再單純指向氣味本體，而是鼓勵人們思考香氣背後的意涵、泛起的回憶、牽動的情感、引發的聯想等等。在日常生活裡，人們面對四方八面撲鼻而來的氣味，聞到的不止氣味本身，而是其帶來的一連串追憶與想像。這甜絲絲的氣味讓她想起小時候放學跟著外婆買麥芽糖的童年回憶，同樣的氣味卻讓他感到猶如牽著情人雙手漫步沙灘的溫馨。那清新的氣味讓她對未來充滿了盼望，同樣的氣味卻幫助他專注於每個當下。氣味之於每個人的感受與意義都是如此不同，基於個人與集體的經歷，可以造就完全不同的意境與體驗。

本書第二章將敘述如何藉由感官民族誌的方式，在澳門不同社區進行在地實踐，聚焦嗅覺感官所帶來的感知經歷，進行第一身的體會及分析，從中探索社區的人文面貌。每一節以不同特色的主題路線，從藝術文遺、橫街窄巷、地道街市、旅遊娛樂的角度切入，拉開街區背景的序幕，透過記錄員主觀的嗅覺感知體驗，記錄及描述當時的氣味發現，繼而嘗試分析該區的氣味景觀。雖然這些只代表某個特定時空的片段採樣，但筆者期望藉此講述如何透過氣味漫步作為另類途徑去感受不一樣的澳門。

聞香還是香（Smelling Scents just as Scents）

聞到的香氣讓人最終體會到生命本質的純粹，看似最平凡的一呼一吸，其實意味正在活著的每分每秒。好好地吸一口新鮮的空氣，慢慢地看著一縷縷輕煙消逝，透過一呼一吸，好好感受每一個當下。

引言

透過聞香認識自己，不單是指認識個人的氣味喜好，更是指認識內在真正的自己。從飲食到衣著，以至家居與出行，社會大眾看似喜愛跟隨既定偏好取向以及潮流價值觀，但正正因為嗅覺的感知、感受、喜好與記憶，可以是相當個人的，不存在既定標準與對錯，因此如何透過聞香認識自己，顯得更為重要，這是別人難以取代的。

本書第三章將專訪兩位以「香」創業的澳門人 ——「永利紙料實驗室」創辦人黃競時與「薰禮店」創辦人凌芷欣。一位著重通過線香帶出在地文化的身份認同，促進人與社區的結連；另一位關注透過精油芳療回歸生活本質，讓人進入悠然自得的心境。跟隨訪談，人們可以了解如何透過聞香在城市安歇下來，從而活出真我的馨香。

第一章　聞香是香

「聞香是香」指的是聞到什麼氣味就是什麼氣味，憑著嗅覺感知事物的存在。氣味本身直接指向事物的本體，人們可以憑著嗅聞氣味去認識一個地方、一個人、一些事。花香代表花的本體，無論那是天然花香，抑或人工合成，那香氣就是指向花朵的本身。同理，果香代表著水果，燒焦味代表物件燒焦了的狀態，這是感官經驗最純粹、最基本的境界，人們單憑嗅覺感官感受世界，單憑氣味去認識事物的本體。

兒童香味圖書就是一個典型「聞香是香」的例子，在書中，花香就是代表花朵，果香就是代表水果，直接把氣味指向各式各樣的來源物，教導兒童透過嗅覺感官認識身邊的事物。這些香味圖書通常透過刮擦與嗅聞（scratch and sniff）的方式，鼓勵兒童親自接觸、感受不同的香氣。設計原理如同香味刮刮卡，只需運用特殊的印刷技術，將香氣藏在書頁上，當用手指或硬幣在上面刮擦時，便會釋放相應的香氣。例如一套名為《感官探索書》[1]的兒童香味圖書，就是鼓勵幼兒用手指輕輕揉擦書頁上面不同的水果圖案，然後將鼻子湊近圖案去嗅聞感受香蕉、蘋果、橙等不同的水果香氣。有些香味圖書會結合故事情節來介紹不同香氣，例如彼得兔（Peter Rabbit）曾推出香味繪本童書[2]，故事講述彼得兔跟隨香氣去到不同地方，最後發現那些香氣來自路邊的洋蔥以及彼得兔媽媽攤檔販賣的薰衣草等等。這些圖書都是把香氣直接指向來源物，教導幼兒認識不同的香氣，豐富繪本閱讀體驗的樂趣。然而，這些兒童香味圖書卻甚少教導兒童如何描述自身對氣味的感受及聯想。

「聞香是香」可算是人類最基本的生存之道。人類先祖在原始時代，憑藉嗅覺感知食物的來源，判斷食物的好壞，透過嗅聞去感知周圍的環境。雖然隨著工業革命與城市發展，很多先進的技術已經可以幫助，甚至取代人類嗅覺這個原始功能。例如，人們可透過食品包裝上的有效日期知道食物的新鮮度，不用逐一嗅聞分辨。此外，人

---

1 ApplebeeBook 編著，徐鳳擎譯，金鎮華、李亨鎮等繪：《感官探索書》（套盒），台南：世一文化事業股份有限公司，2019 年。

2 Potter, B. (2019). *Peter Follows His Nose: A Scratch-and-Sniff Book*. Warne.

們亦可透過商場平面圖及指示牌得知店舖的位置，不用依靠嗅聞去尋找。假如突然有火警發生，人們也可率先聽到煙霧感應器的鳴鐘聲，不用聞到燒焦味才拔腿而逃。

然而，在當今的城市日常生活中，氣味帶給人們更多的反而是各式各樣的小確幸，那可能是一段小小的往事、一個平靜的時刻、一種生活的方式等等。以筆者成長背景為例，還記得小時候跟著祖母到街市買水果，她總是愛偷偷地用手指甲捏一下橙皮，聞聞是酸是甜；後來有機會出國留學，在英國認識了一位內地女生，她經常把男朋友的煙盒帶在身邊，好讓分隔異地時仍能通過那熟悉的氣味來思念對方；學成歸國時，筆者把衣服打包入紙箱海運寄回家，事隔三個月後在澳門家中收到那一箱越洋寄回來的衣服，打開紙箱的那一刻，撲鼻而來的盡是那股獨特的英國洗衣粉香氣，瞬間喚起滿滿的留學回憶；後來，有機會去到一些日式茶館，聞到一種來自榻榻米的清香，就會想起日本留學時造訪溫泉旅館的快樂時光。

或許在你我的日常生活裡面，都充滿著這許許多多的氣味小故事，滿載著氣味帶來的小確幸，聯繫著一段經歷中的人與事，只是記憶與情感常常隱藏在心深處，直至有日突然重遇熟悉的氣味，那回憶就瞬間被還原在眼前。社會人類學家尤里・阿爾馬戈爾（Uri Almagor）曾經指出，嗅覺是用來感受而不是描述，人們不是透過分辨氣味去發現氣味的意義，而是透過與日常生活聯繫來理解氣味。[3] 一位英國退休公務員巴尼・肖（Barney Shaw）就用最平凡易懂的文字，來描述他的每一個日常氣味發現，從倫敦的街頭店舖到樸次茅斯港口，從多塞特郡的森林到法式庭園，他總是嘗試跟身邊的人談論氣味。港口船家會告訴他日常所遇到的柏油味、繩索味、柴油味、塑膠味、機械味等等，而林木工人就告訴他不同種類以至年齡的樹木放

3 Almagor, U. (1990). *Odors and private language: Observations on the phenomenology of scent*. Human Studies. pp. 253-274.

入窯燒出來的氣味都不盡一樣，可見日常的嗅覺經驗遠比人們想像中要更豐富多元。[4]

每個城市的人口密度、空間規劃、地勢氣候、種族組成、文化風俗、飲食習慣、交通運輸等各不相同，導致人們生活在每個城市的嗅覺經驗相似卻又不一樣。香港黃金海岸與昆士蘭黃金海岸的海風氣味必然不同，新疆的田園氣息自然與富良野的田園氣息不同，倫敦的冬天風味與北京的冬天風味亦截然不同，更莫講澳門的葡撻香與里斯本的葡撻香也有差異。

城市的氣味，既流動又持久，既混雜又獨特，感覺相似卻又不同，形體虛無飄渺，感受卻實實在在。無論是花香、果香、飯香，抑或是垃圾味、油煙味、坑渠味，這些氣味都是城市生活組成的一部分。除此之外，有更多難以形容的日常氣味，不能夠單純以芳香與惡臭來區分，每種氣味的出現與消逝，都反映著城市生活背後的經濟、文化、習俗等變化。因此，城市氣味也是一座城市的歷史文化遺產。

歐洲很多城市昔日因為環境衛生問題，貫穿城市的運河惡臭非常，後來公共衛生系統建立，下水道整治的工程以及環境衛生的教育逐步普及，今天走在倫敦的泰晤士河岸，又或巴黎的塞納河岸，聞到的不再是髒水的惡臭，取而代之可能是沿岸咖啡店及餐廳飄來的咖啡香、酒香、美食香等等。反之，恆河至今仍飄散著洗澡水、排泄物、火葬灰、木柴燒、煙草、檀香、乳香、花香、咖喱等氣味的大雜燴，外地人難以忘懷的特殊氣味，對於當地人來說卻代表眾生的生命與死亡，是潔淨的，是神聖的，是信仰，也是文化，這一切的氣味構成了城市的日常生活。

至於澳門城市的氣味，視乎年代亦有所不同。澳門昔日街頭常見煨番薯與炒栗子，冬日只要經過攤檔，香氣從遠處撲鼻而來，瞬間溫

---

4 Shaw, B. (2017). *The smell of fresh rain: the unexpected pleasures of our most elusive sense*. Icon Books.

暖在心頭。還有賣麥芽糖、豆腐花、涼茶的流動攤檔，那些街頭氣味現在也近乎絕跡了。澳門傳統四大手工業：造船業、炮竹業、神香業和火柴業，在在都與氣味有關。當中的神香業更有一百多年歷史，澳門製造的神香初期主要供水上漁民祭祀拜神祈福之用，並用於傳統華人家庭供奉祖先及商戶供奉土地公祈求平安財富等，亦外銷至內地及東南亞。澳門昔日曾是中外貿易一大重要樞紐，在全盛時期曾有多達四十多家製香廠以及七十多間香莊香舖。[5] 直至 80 年代初，隨著中國內地恢復製香業以及澳門紡織製衣業的興起，澳門製香業才慢慢式微。可是，近年隨著人們開始注重生活品質，香文化再次被點燃起來，其形態轉化為現代家居生活中的各種薰香，作用也變為療癒解壓及靜修冥想。可見，城市氣味背後的意涵亦隨著社會變遷而有所改變。那麼，假如提到今時今日澳門的氣味，不知大家會想起什麼？人們可以如何透過嗅聞去認識一個城市以及背後的種種？或許，這一切可以從最基本的散步「聞」學開始。

5　蔡珮玲：《澳門神香業》，香港：三聯書店（香港）有限公司，2009 年。

§1 散步「聞」學：邊走邊聞的生活型態

散步「聞」學，是提倡透過一邊散步一邊嗅聞去感受一個城市的生活型態。這看似最平常的事情，其實卻能帶來最純粹的體驗，只是很多時候在日常生活裡，人們對周遭的氣味都感到不以為然。

嗅聞，作為一種建立關係的途徑

犬隻與人類不同，牠們擁有高度靈敏的嗅覺，超越其他一切感官。犬隻生來就通過嗅覺感知去認識世界，從而與世界建立關聯。牠們以嗅聞的方式了解身處的環境、周邊的人事物，建立和其他同類犬隻的聯繫等等。嗅聞不止是牠們的生存本領，亦是尋找安全感與歸屬感，又或辨別主權界線的一種途徑。牠們透過嗅覺尋找食物的來源，感知主人的心情，建立領地的記號，並與其他犬隻進行互動溝通，就像是擁有能穿透世界的一種能力。因此，嗅聞不止是一種資訊接收的方式，亦是一種建立關係的途徑，能分享情感的連結。

經長時間訓練的犬隻可以憑著靈敏的嗅覺替人類完成特殊任務。例如，偵測犬可以協助醫生感知病人的危疾，德國有研究發現，偵測犬透過嗅聞病人的呼吸和尿液樣本，檢測肺癌的準確率高達97.6%。[6] 此外，檢疫犬可以協助海關偵測危險違禁物品，筆者就曾經試過有一次因為攜帶有果醬餡料的月餅在日本機場被檢疫犬發現，後來關員得知不是真正的水果才予以放行。那麼，協助警方追緝搜捕罪犯的搜索犬與緝毒犬就更不用說了。

犬隻可以感應的不限於化學物品，還可以感應人類的情緒。英國有研究發現，家犬與主人在同一屋簷下相處時間愈長，愈可以精準察

---

6 Feil, C., Staib, F., Berger, M. R., Stein, T., Schmidtmann, I., Forster, A., & Schimanski, C. C. (2021). Sniffer dogs can identify lung cancer patients from breath and urine samples. *BMC cancer*, 21(1), 917.

覺到主人喜怒哀樂的情緒，甚至產生一種共鳴感。[7] 專門研究犬隻嗅覺的認知科學家亞歷山德拉・霍洛維茨（Alexandra Horowitz）認為，犬隻雖有高度靈敏的嗅覺，但其實真正用在偵測疾病及毒品的情況少之又少。[8] 尤其是生活在城市的家犬，大部分時間都嗅聞著主人營造的氣味世界，從狗糧的牌子到洗毛液等清潔護理用品，家犬在日常家居環境聞到的大多是人工合成的氣味。因此，每當家犬有機會出門走走時，總是表現得格外興奮，又或者在主人歸來時表現雀躍萬分，因為那些氣味的獨特與豐富，並不是人工合成的氣味所能替代或複製的。霍洛維茨藉由研究犬隻的嗅聞習性，了解人們對氣味探索的認知局限。她嘗試在溜狗時，沿著愛犬的散步路徑去嗅聞，發現了許多平時生活在社區沒有留意到的人與事，原來那裡的樹葉落下了，這裡的廢置物堆積了，那輛汽車才剛經過，鄰居小孩又跑掉了……

或許有人會問，難道我們散步時要學習犬隻般到處嗅聞嗎？非也。邊走邊聞的生活型態，不一定要牽著一隻狗來散步才能好好來一趟城市氣味探索之旅。那麼，到底在日常生活裡，人們可以如何透過

7 Wilson, C., Campbell, K., Petzel, Z., & Reeve, C. (2022). Dogs can discriminate between human baseline and psychological stress condition odours. *PLOS One*, 17(9), e0274143.

8 Horowitz, A. (2018). *Being a dog: Following the dog into a world of smell*. Simon and Schuster. pp. 61-78.

一邊散步一邊嗅聞去認識城市背後的種種？或許，這需要從散步、散策、漫步談起。

散步、散策、漫步

散步，泛指任何沒有特殊目的，緩慢悠閒、隨心隨意地步行。換句話說，散步本身就是散步的唯一目的。一般人會選擇在鄰近地方或周邊地區散步，可能是住家附近的公園，又或辦公室周邊的街道、放學後途經的地方等等。散步可以在日常生活裡輕易進行，有時被當作是一種輕度運動。因此，一般來說，很少人會專程乘坐交通工具，坐巴士、坐飛機，跨區跨市去另一個地方「散步」。但近年隨著散步學的興起，確實有些人為了認識不同地方的生活面貌，專門造訪某個地方去散步，這又是別話。

散策，強調在散步的過程裡，沿途欣賞四周的風景，感受周邊的氛圍。該詞彙常見於日本以及中國台灣地區，源於日文「散策」（さんさく），意思指人們在散步的時候，可以因此而放空頭腦、放鬆心情，慢慢欣賞四周景色，後來延伸成為一種遊覽方式，感受當地特色文化體驗，有別於行程緊湊又走馬觀花的旅遊。

至於漫步，或漫遊，意思與散步類似，都是指漫無目的地隨意行走。散步強調的是一種活動，漫步著重的是一種狀態。散步可能只是在幾條街道上行走，漫步的範圍可延伸至一個社區或一個城市。尤其在班雅明（Walter Benjamin）提出城市漫遊者（flaneur）的概念以後，那種置身於人群之中卻又抽離旁觀世情的狀態令人嚮往，漫步因此被視為一種抗衡城市機械化生活的方式。

因此，下一節將從「散步」談起，看看「散步」如何從一個隨意行走的休閒活動，演變成一種城市生活的形態，甚至被視為一種文化體驗的遊歷、一種藝術創作的源頭、一種感官民族誌的再現。然後，由「散步」延伸至「漫步」，探討如何透過感官漫步產生不一樣的生活體驗，從聲音漫步到氣味漫步，感受視覺以外的城市景觀，思考自身與城市的關係。

§2 散步學：學散步

散步，作為一種城市生活的形態

散步，其實是每個人從孩童階段學會走路以後都能輕易做到的一件平常事。只是近年加上一個「學」字，散步好像被吹捧成了一種學說，瞬間變得很學術，好像非要一本正經地談論似的，甚至衍生出各式各樣的「散步學」，有主題導向的，如文學散步、藝術散步；亦有交通導向的，如巴士散步團、天星小輪浪遊等等；也有以時間劃分的夜間散步、週末散步；當然還有以空間劃分的，如公屋散步等等。

香港獨立書店留下書舍曾經推出「唞唞散步節」，就是鼓勵城市人「攰就唞唞，散步走走」。[9] 這種強調慢步生活的體驗，近年成為了一種生活型態，在亞洲各地百花齊放，在社交媒體上更成了流量密碼，這或許與人們經歷過新冠疫情的禁足生活以及社會高壓競爭不無關係。在城市中好好呼吸一口清新空氣，好像變得非常奢侈。

散步，作為一種思考人生的方式

德國哲學家尼采（Friedrich Nietzsche）曾說過：「所有偉大的思想，都在散步中產生。」（*"All truly great thoughts are conceived while walking."*）意思是指人在散步時，大腦處於放鬆狀態，可以有助思考。這可理解為「尤里卡效應」（Eureka Effect），即突然頓悟出原先難以解決問題的時刻。相傳阿基米德（Archimedes）在洗澡時突然發現了浮力原理時，大叫了一句：「Eureka！」（英文又稱"Aha! Moment"。）這傳說雖然被發現是虛構，但有學者後來確切證實了

---

9 「攰就唞唞，散步走走」，意思指當感到疲累時，就要好好休息，去散步走走。

沐浴和步行可以促進創意思考的說法。有研究指出人們在洗澡或散步時，在身心放鬆的狀態下，大腦更容易經由潛意識和直覺性的思考去解決困難。[10]

據說微軟創辦人比爾・蓋茨（Bill Gates）與蘋果公司創辦人史提芬・喬布斯（Steve Jobs）這兩位科技巨頭都喜歡一邊走路一邊思考。蓋茨在串流平台 Netflix 的紀錄片《蓋茲之道：疑難解法》（*Inside Bill's Brain: Decoding Bill Gates*）透露他每日都習慣散步，他認為散步的時候很適合思考。法國哲學教授斐德利克・葛霍（Frédéric Gros）在《走路，也是一種哲學》（*Marcher, une philosophie*）一書中提出，當人慢慢走在路上時，眼前的風景變成了「一盒滋味、色彩與氣味」，讓人沉浸其中，這大概不是現代沉浸式科技所能取代的。

散步，作為一種社區關係的聯繫

有別於哲學家將散步當作一種思考方式，世界衛生組織（World Health Organization）將散步與踏單車並列為對身體最好的運動[11]，甚至可以促進個人的福祉（well-being）[12]，提升城市快樂指數。現代城市規劃往往「以車為本」，以建設交通網絡為優先考慮，卻忽略了「以人為本」的重要性。香港大學地理系教授盧佩瑩認為，一個優良的行人路系統，既可鼓勵市民以步代車，減少碳排放，降低對環境空氣及噪音污染，又可促進居民身心健康，甚至改善鄰里關係。[13]

---

10 Oppezzo, M., & Schwartz, D. L. (2014). Give your ideas some legs: the positive effect of walking on creative thinking. *Journal of experimental psychology: learning, memory, and cognition*, 40(4). p. 1142.

11 *Promoting walking and cycling*. (2023, October 30). https://www.who.int/activities/promoting-walking-and-cycling.

12 Ferdman, A. (2023). Walking and its contribution to objective well-being. *Journal of planning education and research*, 43(2). pp. 294-304.

13 Loo, B. P. (2021). Walking towards a happy city. *Journal of transport geography*, 93, 103078.

「可步行性」(Walkability)近年成為一個城市規劃的指標，意思指連結行人、周邊環境與鄰里的方式，讓行人在合理的時間及體力下步行到達目的地，並提供一定程度的樂趣。香港獨立公共政策智庫思匯政策研究所於 2016 年倡議「好行」理念，期望香港透過聯署「世界步行約章」進一步發展成為低碳及宜居城市，其願景是推行「以人為本」的城市規劃方式，用「好行」來提升城市生活體驗，增添社區活力，提高居民幸福感，並讓可持續的交通模式優先於私家車輛出行，當時的研究報告甚至將香港不同區域作出「好行」等級指數評級。[14] 然而，世界綠色組織於 2018 年調查發現，有逾兩成受訪的香港人都表示寧願選搭短途交通工具也不會步行到目的地，即使疫情過後，人們的步行習慣亦只是稍微增長。[15] 雖然如此，2024 年香港房屋局及房委會推出「幸福設計」指引時，亦強調了「城市連結」，當中提到舒適的行人步行體驗是未來屋邨翻新或興建時的重要參考依據，這有助促進社區關係，加強居民歸屬感，以及提升屋邨形象。[16]

散步，作為一種文化體驗的遊歷

散步除了有助頭腦思考、促進身心健康以及加強社區關係以外，近年更經常被應用在城市研究及文化探索領域。這近似日本的「散策」概念，可算是感受地區文化體驗的一種模式，常見於旅遊及文化推廣上。即使是日本人在日本本國旅行，也會找上當地的散策導覽，以這種輕鬆遊走的玩樂方式自由行。此外，散步亦是一種城市文化研究的方式。日本藝術家赤瀨川原平、建築史家藤森照信、插畫家

14 思匯政策研究所：〈思匯政策研究所發表「好行」倡議〉，2016 年 12 月 14 日，https://civic-exchange.org/wp-content/uploads/2016/12/201612URBAN_Walk2report-1.pdf。.

15 世界綠色組織：〈世界綠色組織、港鐵敢動呈獻「地球・敢『動』行」2024 – 地球・敢『動』行暨港人步行習慣調查發佈會〉，世界綠色組織 (WGO)，2024 年 1 月 29 日，https://thewgo.org/website/chi/news/gw2024/。

16 中華人民共和國香港特別行政區政府房屋局、香港房屋委員會：幸福設計指引 Well・Being Design Guide，2024 年 9 月，https://housingwellbeing.hk/design-guide/。

南伸坊於 1986 年曾經聯手推出《路上觀察學入門》，將學術界傳統的田野調查研究方法日常化，強調反消費式的觀察，抗衡當時流行的櫥窗式消費。[17] 這種觀察方式反守為攻，意圖突破路人被動地接受商戶將信息強加諸其身的宣傳方式，鼓勵路人主動觀看自身在乎的事物，發掘城市現象背後的風俗習慣與樂趣。

從事都市魅力研究的山納洋在《散步學入門》進一步將城市散步比喻為當偵探，在身處的城市以不一樣的角度進行探險搜索，情形就像考古探險家，又如百無聊賴到處閒逛的阿伯。[18] 山納洋其後推出「Walkin' About」城市觀察企劃，以 90 分鐘為一個時間段，讓參加者按自己興趣自由尋寶解謎，像觀賞戲劇一樣去探索並觀賞身處的城市。當發現好奇有趣的人、事、物，便向周邊的店家、居民、朋友或網絡打聽事情來由，藉此思考城市的發展變遷以及環境設計意圖，以當地居民的眼光來重新看待城市。「Walkin' About」原先只是一個基於城鄉調查的研究企劃，後來隨著參加者增多，漸漸演變為一種城市觀察活動。山納洋將城市比喻為一齣戲劇，鼓勵參加者像觀眾一樣，到處去觀察大自然與人工共同造成的城市戲劇張力，

17 赤瀨川原平、藤森照信、南伸坊：《路上觀察學入門》，台中：行人文化實驗室，2014 年（原著出版於 1986 年）。

18 山納洋著，曾鈺珮譯：《散步學入門：城市魅力大搜查》，台中：行人文化實驗室，2021 年（原著出版於 2019 年）。

以偵探眼光去推敲城市從古至今的來龍去脈，探索思考未來發展的方向，這實在是一種變了身的城市文化研究。

台灣坊間組織近年也有推出大大小小的城鄉散步企劃，例如「島內散步 WALK in TAIWAN」就是一個推動永續旅遊的團體，強調連結在地民間力量，讓參加者從在地觀點認識當地文化價值，從鄉土農產品、生態資源，文化資產等方面，強調永續旅遊與商業平衡發展的重要性。[19] 活動形式由親子導賞到員工團隊培訓，提供了客製化的導賞服務，創造不一樣的地方創生價值。例如，透過闖關解謎的方式，帶領參加者遊走大稻埕的茶商、布市和鹽館等地方，一方面鼓勵參加者與當地居民交流訪談，另一方面凝聚參加者彼此之間的感情，鞏固團隊關係。

至於香港，在新冠疫情期間亦出現了一種散步學的風潮。城市研究者黃宇軒提出「懷疑人生就去散步」的概念，他在 YouTube 頻道推出十條散步路線，包括了土瓜灣、石硤尾、將軍澳等地方，這些大多為香港民生區域，並不是素常熱門的遊客打卡點。[20] 對於一般人來說，那些只是走過即忘、不曾為意的路上風景，在黃宇軒眼中卻隱含著某些人生哲理。他在《香港散步學》一書裡面，提到寶馬山慧翠道如何引發關於人生路的思考。這是一個能夠在高樓大廈罅隙叢林裡飽覽維港景色的地方，被他形容為猶如「世界盡頭」的角落，而那裡其實只是學車人士經常練習調頭的掘頭路。[21] 黃宇軒其後在《城市散步學》中進一步提出從建築、路徑、空間、物件、信息及自然的角度，觀察城市的不同角落，鼓勵人們通過系統又有趣味的方式，在城市裡邊走邊看，繼而與一個地方以及生活在其上的居民產生積極的聯繫，那是一種帶有反思意識、充滿地方關懷的行動實踐，甚至是身份認同的文化培養。[22]

---

19 島內散步，https://esgcustomization.walkin.tw/。

20 懷疑人生就去 When in doubt，https://www.youtube.com/@doubtwalk/。

21 黃宇軒：《香港散步學》，香港：白卷出版社，2022 年，頁 44–47。

22 黃宇軒：《城市散步學》，香港：突破出版社，2023 年，頁 12–22。

有別於班雅明冷看世情的「漫遊者」思想，將散步作為一種文化來看待，黃宇軒提出用散步表達對一個地方的「愛」，那是對自己土生土長地方的「愛」。他提倡以身體漫遊的方式來觀看，以至發掘地方之美，藉此建構歸屬感與身份認同。對於步伐急促的城市人來說，這種散步學無疑提供了別樣的觀看方式，甚至是一種生活態度。散步在疫情期間起到近乎放空靜修的作用，固定的路線配上流動的畫面，讓一些平常的風景在視野中急促消失。「懷疑人生就去散步」的哲學理念，就是要鼓勵人們學習活好每一個當下，珍惜平凡美。疫情期間，離境出行不如往常便捷，人們逃離居住城市的願望不再得以輕易滿足，黃宇軒這種帶著對城市的愛到處遊走的散步，鼓勵人們藉著身體在城市空間流動穿梭，與身處的地方建立關係。

散步，作為一種藝術創作的源頭

其後，黃宇軒將散步學延伸成為一種社區創作，於 2024 年在澳門書店「边度有書」（Pin-to Livros）推出名為《幾條街的可能》的展覽，他將澳門新橋區不起眼的民生街角，透過散步與觀察，結合圖像及文字，創作出不同的聯想。黃宇軒將散步視為一種藝術形式（art form），鼓勵參加者開啟感官，觀察沿路所發生的一切，就像觀看一齣電影一樣。這與山納洋提出以偵探推理、觀賞戲劇的方式來進行城市漫遊，有著異曲同工之妙。

姑勿論是山納洋任由參加者自由漫遊，以城市規劃的角度了解社區街道的發展脈絡；抑或是「島內散步」強調地方品牌的結連，以客製化旅遊路線導賞方式，帶出永續發展的觀念；又或者如黃宇軒的「懷疑人生就去散步」，把散步轉化為對自身成長地方的愛與認同。上述種種方式大多是以視覺為主的城市生活觀察，配以街區散步方式，意圖打破平凡的日常，用不一樣的角度發掘身邊有趣的人與事。

然而，日常生活的感官世界，從來不止視覺經驗而已。人們在散步的時候，其他感官同樣能感知周圍環境的一切。對人們真實的生活場景進行感官考察，可以成為一種研究方法，甚至是一種創作方式。

§3 感官民族誌：從研究到創作

感官民族誌（Sensory Ethnography）的概念由設計人類學家莎拉．平克（Sarah Pink）於 2009 年提出，可算是由人類學（Anthropology）中的民族誌（Ethnography）延伸出來的一個分支，原意是在田野考察的基礎上，強調感官方面的研究，從過往強調觀察人類行為模式的研究習慣，延伸至關注聽覺、觸覺、嗅覺和味覺等感官在文化和社會互動中扮演的角色。[23] 因為不同社群如何透過感官去感知日常生活，在在關係到人際關係的建立、習俗禮儀的實踐、社會階級的象徵等方面。感官民族誌是從感官人類學和知覺現象學的角度，探究感官背後的文化解讀以及社會意義。

散步，作為一種感官民族誌再現

平克認為散步是一種感官民族誌的再現（walking as sensory ethnography representation），這是重要的日常生活實踐，提供了豐富的地方經驗，感受的形式可以包羅萬有，包括在不同地形上行走、品嚐地道的小食、觀賞街頭視覺文化、觸摸公共空間的雕像、聆聽街頭巷尾的聲音等等。平克強調利用研究者自身的感官體驗來「觀察」周圍的環境與當中的人事物。研究者可以藉由參與式的探究，感知在地的聲音、氣味、肌理等等，以此建立一個地方的聲音景觀以及氣味景觀，產生與在地者的關聯。這些再現（representation）構建了一個「感官民族誌的場所」（sensory ethnographic place）。

平克以嗅覺感官為例，指出氣味如何將人與人之間、人與地方之間的情感關係緊密地結連在一起。例如公共氣味與家居氣味：前者涉及社會大眾，通常需要盡可能保持中立調和；後者卻可自成一格，

23 Pink, S. (2009). *Doing sensory ethnography*. Sage.

不確定的變化以及相互制衡的考慮都相對比較少，因此每個家居都可以恆常保持其獨特的氣味。家居氣味可以反映居住者的飲食偏好、家居衛生、作息習慣以及生活品味等。例如，一個偏好辛辣飲食的家庭與一個崇尚素食的家庭，平日廚房的氣味自然隨著烹調煮食採用的食材及香料的偏好而有所不同。又或者長者的住房與小朋友的住房，裡面的房間氣味亦會有些微差異：前者可能出現一些藥油味；後者可能是一些毛公仔的氣味。此外，寵物的飼養、花卉盆栽的種植、香氛產品的使用等生活形態，亦會形成各自不同的家居氣味。這一切都在不知不覺間構成了居住者對於「家」的情感回憶與地方連結，只是人們大多習以為常，並未將家居生活的氣味氛圍當一回事。

這些如果進一步延伸至社會集體經驗的話，感官民族誌可以幫助人們了解不同族群的生活習慣、身份認同、宗教習俗等，同時認識城市的經濟活動、交通運輸、公共衛生建設等特色。平克指出，當氣味被帶入民族誌的研究方法，其產生的親密感及地方感，有助引領研究人員與研究對象建立更契合的關係，從而了解感官背後的社會文化意義。因此，散步遊走於城市不同的角落，可以稱為城市文化研究的一種方法。

感官民族誌即研究

民族誌，原屬於人類學的質性研究方法，通過將實地田野考察所觀察到的人類行為模式及習慣等記錄下來，繼而轉化為一種厚描文本 (thick description)[24]，即將觀察到的社會生活型態巨細無遺地用文字描寫出來，作為一種關於族群生活調研的文字記錄。厚描文本最初由被喻為詮釋人類學之父，來自美國的文化人類學家克里弗德．紀爾茲（Clifford Geertz）提出，是一種文化研究記錄的方法，意思是將觀察到的文化現象轉化為文本從而進行記錄，繼而作出文化意義結構的解讀與詮釋。紀爾茲相信文化現象的意義解讀，必須放到經驗脈絡來詮釋，而不是獨立存在的。

---

24 厚描文本，又稱深描文本、稠密描寫。

一般民族誌會涉及訪談以及資料分析等過程，而記錄方式除了文字以外，亦可以包含影像與聲音等等，傳統上側重眼睛所能觀察的層面，鮮少將整全的感官經驗納入實地田野考察。過去有針對視覺層面的視覺人類學（Visual Anthropology）出現，其目的在於探究特定族群在社會生活的視覺文化現象以及由社會文化衍生出來的視覺再現形式，包括藝術創作及手工製品等，鼓勵以視覺民族誌（Visual Ethnography）為手段進行調研記錄，以攝影等視覺方式為社群生活面貌與現象的記錄方法。

相比之下，平克提出的感官民族誌，將民族誌進一步延伸至多種感官的層面，關注到視覺、聽覺、嗅覺、觸覺、味覺等多重感官的體驗與實踐。對於那些涉及多重感官現象的領域，例如生活體驗及地方文化等，感官民族誌無疑有助於提供更全面的探索。

感官民族誌一般涉及兩個層面：第一個層面是研究內容，主要將感官之於社會及文化的意義與價值作為探究對象，例如，了解某個族群的氣味認知、偏好與使用習慣等，從而幫助開發相關的美容護膚產品；第二個層面則是研究方法，指透過文字以外的媒介如影像、聲音、氣味等，去記錄及分析民族誌，因為傳統的民族誌研究方法，著重將參與式觀察轉化為文字記錄，甚至作為一種文化的書寫，而感官民族誌將視覺上的「觀察」延伸至其他感官的認知。

感官民族誌即創作

由於涉及多感官、多元豐富的經驗，且具有深入了解社會族群的文化意義，感官民族誌可以轉化為一種藝術創作方式，成為一種感官藝術的呈現。美國哈佛大學在 2006 年成立了一個名為感官民族誌實驗室（Sensory Ethnography Lab，SEL）的機構[25]，致力將感官美學與民族誌結合，呈現多樣的人類學研究模式。該機構曾將感官美學應用於民族誌紀錄片的拍攝上，亦曾透過現場錄音等方法採集族群的聲音，繼而創作別樹一格的聲音藝術（Sonic Arts）。此外，感官美學也被應用於設計人類學的跨領域範疇。2022 年，感官民族誌實驗室就發表了一齣名為 *Expedition Content* 的影片。全片沒有太多影像畫面，整個影片近乎完全黑幕，間有英文翻譯字幕出現，黑色畫面背後卻配有 1961 年探險隊在新幾內亞採集的接近 37 小時的錄音剪輯。音頻記錄了當時探險隊在土著 Hubula（或稱 Dani）族群紮營期間的奇異遭遇，此作品顛覆了人類學家與族群主體之間、圖像與聲音之間的權力關係，可算是一種從感官民族誌到感官藝術創作的轉化。

25 Sensory Ethnography Lab (SEL). https://sel.fas.harvard.edu/.

§4 聆聽城市的景觀：從聲音景觀到聲景創作

聲音與氣味有著相似的不可視性質，在感官民族誌以至感官藝術創作上，聲音方面比氣味方面起步得更早，發展得更成熟。本節將以聲音為例子，藉由聲音景觀以及聲音漫步，探討如何透過感官去認識一個城市以至進行感官體驗創作。

聲音景觀，作為一種城市記錄

聲音景觀（Soundscape），又稱聲音地景，或簡稱聲景、音景，最初由加拿大作曲家雷蒙德・默里・謝弗（Raymond Murray Schafer）在 1960 年代提出。聲音景觀可以簡單理解為聽覺環境（acoustic environment），指無論身處何地由聲音所建構的整體範圍（“*the total field of sounds wherever we are*”）。這跟美國前衛作曲家約翰・凱奇（John Cage）於 1952 年創作的《4 分 33 秒》（4’33”）的觀念好像相似，實則不同。兩者都是在上世紀五六十年代興起的偶發藝術（Happening Art）背景下誕生，那是一種強調偶發、即興與隨機的藝術觀念。曲目《4 分 33 秒》包含了來自環境、聽眾以及演奏者的聲音，演奏者全程沒有彈過一粒音符，只能聽到肢體動作產生的聲音，如打開鋼琴蓋的聲音等。約翰・凱奇強調任何聲音都可以是音樂的組成部分，《4 分 33 秒》可以算是一種表演藝術。而謝弗提出的聲音景觀，則指向那些以聲音構成的景象，更多是關乎聲音與地方的關係。它既有助於了解一個地方有關聲音的文化價值，亦是一種記錄手法，因為環境聲音會隨著社會的發展在時間與空間維度產生變化。

謝弗當初原是為了記錄那些在城市發展過程裡逐漸消逝的特殊聲音，從而推出了「世界聲景計劃」（World Soundscape Project），希望喚起大眾對環境聲音的關注，包括噪音污染以及消失的聲音等等。該項目同時具有教育及研究目的。謝弗不只是扮演一部人造錄音機的角色去記錄一切聽覺感知得到的聲音，而是強調透過聆聽環境聲音去認識身處的世界，甚至建構人與地方之間的關聯與記憶。謝弗把環境聲音分類為記憶音、意象音、文化音、社會音，就是意圖突破「聽聲是聲」的局限。

後來，不同地區的藝術家、聲音工作者以及研究機構陸續關注到聲音景觀的重要性。例如，1996 年日本環境廳（現稱環境省）[26] 公佈了「日本音風景 100 選」，選出具有保護價值的 100 種具有日本特色的環境聲音 [27]，當中包括代表大自然的京都嵯峨野竹林聲、代表歷史建築的北海道札幌時計台鐘聲、代表文化祭典的青森弘前睡魔祭節慶聲，還有代表新年伊始的橫濱港口船舶鳴笛聲、祈願世界和平的廣島「平和之鐘」的鐘聲等等。相信在今天，若要更新這個日本音風景名單，還會加入草津溫泉的流水聲、新宿街頭的彈珠機聲、原宿代代木公園的歌舞聲等等。聲音景觀是一個地方的無形文化資產，而且隨著地方發展不斷演變。

澳門社會在過去二十多年的發展裡，經歷了賭權的開放、自由行政策的推行、文化旅遊城市的推廣、大灣區的頻繁往來等等，澳門城市的聲音景觀也出現了相當大的變化。就以筆者的個人經歷為例：兒時由於家住在一樓，每天下午放學都可以聽到收買廢銅爛鐵的叫喊聲。時至今日，相信已很難在澳門再次聽到這種收買佬的叫喊聲，但這卻是澳門 80 年代初期經常可以聽得到的城市聲音，亦可算是一種童年回憶的聲音。澳門本島盧廉若公園的鳥鳴聲又是另外一例，縱然現在清晨時分仍可以在公園聽見小鳥叫聲，但隨著公園圍牆外的荷蘭園大馬路車流量及人流量日漸增加，從前的民生小區，現在每天都有載著遊客往來大三巴的大型旅遊巴士經過，那些車輛的引擎聲、煞車聲以及交通燈號聲等等，早已覆蓋了盧廉若公園的小鳥叫聲，那一帶的聲音景觀因此與八九十年代的聲音景觀截然不

---

26 日本環境廳於 2001 年改組更名為環境省，主要負責環境安全、自然生態環境保護、公害防治、放射性物質管制、地球暖化及廢棄物對策等。

27 日本環境省 . *残したい日本の音風景 100 選* . https://www.env.go.jp/air/life/nihon_no_oto/.

同。在新冠疫情期間，澳門各處的醫療、教育以至宗教公共場所都充滿了體溫感測機的廣播聲，這更是一個劃時代的聲音記號。

聲音景觀，作為一種創意實踐

聲音景觀，不只是一種記錄，更是一種創作。謝弗在 1992 年推出 100 種聆聽與聲音創造的練習[28]，鼓勵人們由最簡單的聆聽開始，逐步訓練自己寫下聽到的所有聲音、把聲音分類成固定聲與移動聲、撰寫聲音日記等等。這些練習都是一些幫助人們打開聽覺感官，敞開心扉聆聽世界的方法。謝弗倡議的練習，還包括人們對聲音的美學判斷及想像，例如，邀請人們列舉一些不好聽但聲源物漂亮的聲音（如雙簧管尖銳的聲音）、一些沉重響亮但聲源物細小的聲音（如吹風機的聲音）等等。

此外，謝弗還建議將練習從聽覺層面延伸至視覺層面，進行跨感官關聯，鼓勵人們以不同的視覺方式去呈現聲音的變化，例如不同人對聲音的顏色聯想、為聲音勾畫出不同的視覺形狀、結合肢體動作去表達不同的聲音語言，甚至透過不同媒介去調查及創造聲音等等。謝弗建議的其中一個練習，就是在一個歷史文學作品裡面，尋

28 Schafer, R. M. (1992). *A sound education: 100 exercises in listening and sound-making*. Indian River, Ont.: Arcana Editions.

找關於聲音的文字記錄。另一個練習則鼓勵人們利用一張紙去製造最多不同聲音的可能性。謝弗提出了相當有趣且容易入門的方式，鼓勵人們關注日常生活的聲音，既是練習，又是遊戲，更是創意力的開發。

藉由聲音景觀帶動的藝術創作，從地方的連結到創意的想像，在內容及形式上都可以是非常多元化的。謝弗的研究助理兼作曲家希爾德加德·韋斯特坎普（Hildegard Westerkamp）曾提出一種名為「聲景作曲」（Soundscape Composition）的方式，指的就是運用真實存在而又可以識別的環境聲音，通過情境脈絡進行的藝術創作。例如，韋斯特坎普與詩人、作家共同創作的《城市漫步》（*A Walk through the City*），把聲音景觀與詩歌結合，作品既有收錄城市聲景的真實環境聲，亦有因應詩歌內容而剪輯的後期製作聲音。她的另一個作品《基斯蘭奴海灘聲音漫步》（*Kits Beach Soundwalk*）則是藉由旁白引導聽眾去跟隨著不同的環境聲音，專注聆聽那些平常不以為意的微小聲音，為的是要喚起受眾對地方聲景的記憶、聯繫和想像。

聲音景觀的記錄及創作，也可以是滿有力量的行動研究。台灣聲音藝術家吳燦政在 2011 年至 2021 年的十年期間，展開了一項名為「台灣聲音地圖」的計劃。[29] 他走遍了台灣的城鄉郊野，不只收集與記錄島嶼上東、南、西、北各處的聲音景觀，還藉此提出「聽覺的生態村」概念，期望通過栽種樹林去減低環境噪音。吳燦政後來將自己在台北捷運站收錄到的聲音，發表成為一份研究報告，並於 2021 年透過「十年 —— 台灣聲音地圖計劃」的個人展覽，展示了台灣各地的聲音資料庫與及聲音裝置創作等。縱然如此，吳燦政認為「聲音」難以獨立成為單一的創作媒材，必須結合視覺等其他感官來呈現整體概念。他表示，聲音景觀不是單純地停留在聽覺的感官體驗，而是幫助人們抽離日常的熟悉感，藉此引發不一樣的思考，因此他的聲音裝置作品常常聯同影像一同展現。而另一位台灣聲音藝術家鄭琬蒨則透過「聆聽老靈魂」計劃，帶領一眾長者走到不同社

29 台灣聲音地圖計劃，https://soundandthecity.wixsite.com/wutsancheng/。

區去探索環境聲音，並結合一些舊照片、舊物件、舊歌曲等，鼓勵長者將過去的回憶與當下的心境以及未來的期望進行聯繫，藉由聆聽外在環境聲音去發現內心真實聲音，並與身處的世界建立情感的連結。因此，人們可以通過遊走城市不同的角落，探索城市的聲音景觀，建立地方關聯及情感連結。

聲音漫步，作為一種生活連結

聲音漫步（Soundwalk），或稱聲音散步，是一種採集及記錄聲音景觀的常用方式。它既承載著感官民族誌精神的地域記錄，又可以融合藝術創意的實踐，更是一種社會行動研究。從感官民族誌的角度，人們可以透過聲音漫步來關注城市生活中出現的一切環境聲音，通過邊走邊聽的方式，深入了解特定社區以至族群的生活型態。從創意實踐的角度，人們可以透過聲音漫步來打破平日慣常的生活感知體驗，以環境聲音打造不一樣的藝術創作展演。從行動研究的角度，聲音漫步就是一種社會行動研究的實踐，以聆聽去突破凝視的盲點，抗衡「吸睛為先」、「打卡至上」的社會主流價值觀，感受城市另一道感官風景。

這種集合聲音漫步與藝術創作的方式，多年來持續得到一班愛好者追隨實踐。例如，一班來自歐洲的聲音漫步愛好者，在 2017 年 9 月發起了名為「聲音漫步的星期天」（Sound Walk Sunday）的活動。他們稱這是為了讚頌被聲音擴展的散步體驗（*"celebrates the experience of walking, augmented by sound"*），後來成為一項年度活動，並更名為「聲音漫步的九月」（Sound Walk September）。這班愛好者於 2021 年在比利時正式成立了一個名為「散步・聆聽・創作」（walk · listen · create）的非牟利機構[30]，旨在聚集一班散步藝術家（walking artists）及藝術步行家（artist walkers），透過連結聲音、地方與科技，建立網絡平台讓來自世界各地的愛好者分享聲音漫步的作品。對這班愛好者來說，聲音漫步是指以任何形式專注於聆聽環境的散步，無論是否涉及科技。這種以聲音擴展的散步體

30 walk · listen · create. https://walklistencreate.org/.

驗，可以結合劇本、樂譜或其他音樂元素，創造出另類的聲音藝術作品。

而在香港，西九龍文化區 M+ 博物館在 2014 年曾經聯合一班聲音藝術家以及詩人，舉辦了一個名為「NEONSIGNS.HK 探索霓虹」的網上展覽，通過一段 60 分鐘的聲音創作，結合不同區域的霓虹燈景象，讓參與者邊走邊看邊聽，共同遊走於佐敦、油麻地、旺角等地區。人們可以通過聲音漫步，將聽覺、視覺、身體認知結合，將真實與虛構、理性與感性、實驗與想像彼此碰撞，成為不一樣的城市感官景象。2018 年有一個名為「聲音掏腰包」（Soundpocket）的藝術團體，在「新視野藝術節」舉辦了「聲音漫步 —— 聲說未來」的活動，邀請參加者戴上耳機，一邊聽著預先錄製好的聲音故事片段，一邊走過香港葵青區郊野公園。

這種結合聲音漫步和敘事的社區體驗，不單止得到藝術家的關注，亦得到商業品牌的青睞。以旅行皮具起家的奢華品牌路易威登（Louis Vuitton）於 2008 年邀請了鞏俐、陳沖及舒淇三位女影星，分別為北京、上海、香港的聲音漫步作導賞，展開了一項名為《路易威登聲音漫步》（Louis Vuitton Soundwalk）的項目。當中由舒淇聲演的「香港聲音漫步」，結合了中環地道的環境聲音，包括電車聲、茶樓聲、廟宇聲、麻雀耍樂的聲音，以及其他城市也會出現的救護車聲、交通燈聲等等，這些聲景配上背景音樂與故事情節，由舒淇的旁白引領聽眾遊走中環街道。隨著聲音漫步的展開，讓人彷彿從陸羽茶室走到士丹利街，再去到砵典乍街，繼而轉到威靈頓街，再前往荷里活道，途經春回堂藥行以及文武廟等地標，期間穿插了舒淇與一位男子在中環偶遇的故事。在「香港聲音漫步」這部作品裡面，舒淇充當的角色既是導遊，又是說故事的人。她的聲音時而介紹中環不同的特色店鋪，時而提醒要轉右上扶手電梯；時而描述沿路所聞到的茶香，時而提醒要留意某個門牌號碼的店鋪；時而談起所摸到的木材質感，時而細訴關於中環昔日舊貌以及現代繁華的故事。整個聲音漫步歷時接近 120 分鐘，就像上演了一幕幕滿有畫面質感的電影，同時又展示了一幅層次鮮明的聲音景象。時至今日，仍有不少人追隨舒淇的聲音漫步走訪香港中環半山區各個角落。

近年隨著香港社會急速變遷，聲音漫步結合聲音藝術延伸成為一種記錄時代、連結社區的方式。來自音響工程背景的王梓健於 2020 年新冠疫情期間，開始走訪香港不同社區，收錄各樣的環境聲音，創辦了「香港城市聲音紀錄計劃」（WAVINCITY）網絡平台[31]，設有「聲音圖書館」，公開免費讓大眾聆聽不同社區的聲音。他認為不同社區的環境聲音乍聽之下相似，其實卻不一樣，就像天水圍、元朗、上水的街市聲音，會因為居民及攤販的組成各異而產生不同的聲景，而機場聲音則記錄了一個時代下一些人的聚散離合。

聲音漫步，作為一種社區藝術

其後在 2024 年，香港有一班藝術家透過一個名為「嘴角聲景」（Soundscape of The Loudmouth）的藝術家駐場計劃，嘗試透過聲景開拓大角咀社區聲音藝術的可能。[32] 例如，藝術家簡僖進將手推車當作一位主角，他將錄音器材綁在手推車上，鼓勵參加者一邊推著手推車走在大角咀街頭，一邊戴著耳機聆聽錄音機即時收錄到的現場環境聲，包括人聲、車聲、五金店舖的聲音等等，期望藉此探索大角咀社區的多樣性。而另一位藝術家陳紀澤則利用人工智能（Artificial Intelligence，AI）去除環境聲音裡面的噪音，期間發現由於大多數 AI 建基於西方語言的資料庫，導致在香港進行聲景採集時，一些收錄到的廣東話會被 AI 轉化成為其他聲音。這對於他來說是一個有趣的創作過程。參與同一個駐場計劃的藝術家梁菁雯就認為，舊區的物件承載了那裡的歷史與文化，那怕只是一些廢棄物，也有其自身的故事。因此她會在社區收集不同的物件，主動去敲擊使之產生不同的聲音，將這些舊物視之為樂器。她認為聲音雖然來自環境的客觀存在，但創作過程涉及創作者主觀的選擇及錄製。由上述例子可見，聲音漫步與聲音景觀，都可以轉化為一種聲音藝術的創作呈現方式，形成一種聽覺空間的敘事，甚至是一個城市的時代記錄。

---

31 WAVINCITY 香港城市聲音記錄計劃，https://wavincity.com/。

32 賽馬會「想像無限」藝術科技教育計劃：《嘴角聲景（藝術家駐場計劃）》，2024 年，https://jc.future-lab.hk/tc/%e8%a8%88%e5%8a%8301/。

聲音漫步作品《記憶景觀》（Memoryscape）[33] 的創作人托比．巴特勒（Toby Butler），結合聲音藝術與口述歷史，構築人們的地方感（sense of place），他將聲音漫步當作文化地理學的一種實踐。巴特勒是一名來自東倫敦大學的地理學講師，專門研究倫敦的歷史遺產。他以口述歷史的方式來收集人們關於倫敦泰晤士河的故事和記憶，進行聲音藝術的創作，讓人們沿著泰晤士河的不同路段行走時，能先後聽到不同的聲音曲目。此外，他在作品中配上約 30 把不同的口述聲音，共同講述有關泰晤士河的歷史與文化。倫敦博物館因此資助出版了兩種不同的聲音步行路線圖，讓人們邊走邊聽，重索感受往日的英倫回憶。

巴特勒認為，聲音漫步那種藉由聽覺感官驅使而發掘環境聲音的方法，與情境主義理論家居伊．德波（Guy Debord）於 1956 年提出的「飄移」（Dérive）理論十分相近，後者是一種實驗性的行為模式。[34] 德波當時鼓勵人們放下日常的條條框框，突破被城市空間形塑的生活軌跡與習慣，讓自己被當下的景觀吸引而改變原來的移動軌跡。這種由視覺感官驅使的城市漫遊充滿偶發性與隨機性。德波強調「飄移」有別於傳統上的散步或旅行，這是帶點玩味又有意識的自主行為。在「飄移」過程裡面，人們所接收到的五感信息形成了「心理地理學」（psychogeography），該學科建基於城市環境對人們造成的情感及行為方面的影響。

該研究方法與感官民族誌不謀而合，雖然目的不盡一樣，但是當人們將感官民族誌放入日常生活及社會公共空間時，會得到無比有趣的發現，對平日熟悉甚至麻木的情境以至周邊的人事物，以完全不一樣的姿態去重新感受與體會。前人有關城市漫步的探索與近年流行的散步學，有著異曲同工之妙。實踐證明，這種結合了人類學、社會文化調研以及感官民族誌，考察人們真實生活場景的研究方式，可以轉化為另類的感官藝術創作。

---

33 Memoryscape. http://www.memoryscape.org.uk/.

34 Debord, G. (1958). Theory of the Dérive. *Visual Culture: Spaces of visual culture*, 3. pp. 77-82.

第一章 聞香是香

在眾多的感官體驗當中，嗅覺與人的情感、記憶及行為深深聯繫。氣味更是一個城市歷史、文化、經濟活動的產物，既無形又抽象，難以捉摸又難以記錄。到底，城市的氣味可以如何反映當地的發展脈絡？又如何與人們的日常生活聯繫？下一節將探討如何透過一邊散步一邊嗅聞來感受城市氣味的各樣可能，展開一趟氣味探索之旅。

§5 跟著鼻尖去旅行：氣味漫步、氣味景觀、氣味地圖

氣味漫步（Smellwalk），又稱為氣味散步，概念類似聲音漫步，主要透過一邊走路一邊嗅聞的方式，探索周圍環境中可感知的氣味，就像跟著鼻尖去旅行一樣。這並不意味著人們要像犬隻跟著氣味而走，而是鼓勵人們細心留意日常生活裡所遇到的各種氣味，容許個人的嗅覺感知帶領，探索那些或熟悉或陌生的街頭巷尾，從而發現平時習以為常，卻過目即忘的人與事，繼而認識當地的歷史文化以及地方生活特色。這可算是一種透過嗅覺來探索世界的方式。

或許有人會質疑，氣味漫步有什麼特別的呢？人們平日走路不也是一邊走路一邊嗅聞嗎？難道會捏著鼻子走路嗎？是的，嗅覺的運作當然是沒有停止，只是大多只在潛意識的層面運作。因此，氣味漫步強調的是有意識及有意義的嗅聞。一般來說，人們在走路時，關注的可能是眼前望到的景象、耳邊聆聽的音樂、腦海思考的事情，又或者只是為了放鬆放空，一般很少在意周圍或自身散發的氣味，除非遇上突如其來的事件、進出不同的場所、與特別的人擦肩而過等等。其餘情況，嗅覺大多是在潛意識下運作，讓人們在品嚐美食佳餚時，或閒逛購物商場時，或享受酒店服務時，不知不覺間就沉浸在眼所不見的芳香中。這時大腦已悄然將所經歷的一切與特定的氣味建立聯繫，其區別只是人們是否有意識地感知到這些氣味而已。

氣味漫步，作為一種城市探索

氣味漫步，這個帶有目的、留意並感受周圍環境氣味的方式，可算是城市漫遊（citywalk）的一種。人們可藉此了解氣味之於城市生活的意義，以及其背後的族群特色、文化習俗、歷史遺產、經濟活動、生活型態、飲食習慣等等。氣味漫步將行事低調的嗅覺感官刻意地由潛意識層面放到意識的層面，這不僅適用於出國旅行，就算

在自身長大的城市、生活的社區，甚至居住的房間，只要帶著好奇探索的心態，都可以獲得旅行的體驗。

正如英國作家艾倫・狄波頓（Alain de Botton）在《旅行的藝術》（*The Art of Travel*）一書裡面提到，就算待在家裡也可以開展一種「旅行」，並由此觸發一連串令人驚奇的發現。這種「旅行」模式其實早在 1790 年已經由法國作家薩米耶・德梅斯特（Xavier de Maistre）提出，當時他把自己被禁閉在寓所的經歷寫成《在自己房間裡的旅行》（*Voyage autour de ma chambre*），意外地暢銷至今。尤其是新冠疫情期間，很多人被限制外出，德梅斯特那種讓自身各個感官跟隨房間裡的一事一物遊走，思緒與心靈隨之遨遊太空的「旅行」方式，再次備受重視。

氣味漫步，作為一種心靈探索

這種感官旅行並不是自欺欺人的神遊，在心理輔導中，確實有這樣的一種方法，鼓勵有焦慮情緒的人，嘗試聚焦當下的感官感受，幫助抽離思緒混亂的狀態。這種方法叫做「著陸技巧」（Grounding Techniques），又稱「安定練習」，主要目的是幫助人們瞬間從「那時那刻」回到「此時此刻」。其中最常用到的是「5-4-3-2-1」五感安定練習，即當事主感到焦慮時，鼓勵用眼睛聚焦觀察當下眼所能見的五件事物，用手觸摸當下手所能及的四個物件，留心聆聽當下耳所能聽的三種聲音，嗅聞享受當下鼻所能聞到的兩種氣味，以及品嚐當下口所能嚐的一款食物。這個方法據說是由被喻為「現代催眠之父」的米爾頓・艾瑞克森（Milton Hyland Erickson）的女兒貝蒂・愛麗絲・埃里克森（Betty Alice Erickson）提出。香港新生精神康復會在 2021 年新冠疫情期間，曾聯同深水埗商戶開展了為期一年的「療愉之旅・我感我在」計劃，一方面向參加者推廣五感解壓的「著陸技巧」，另一方面藉著舉辦五感導賞團及介紹五感地圖，試圖促進社區的經濟活動。

姑勿論用嗅覺感官去發現城市的驚喜，抑或以之為心靈沉澱的一種方式，氣味漫步都有助開拓人們對日常生活的發現，在平凡之中感

受不平凡。近年亦有美國臨床心理學家提出專注於嗅覺的正念體驗(mindfulness experience),鼓勵人們擺脫忙碌的思維,專注於現在,而不是過去與未來的種種煩惱。[35]

氣味漫步,作為一種研究探索

有研究氣味文化遺產的學者提出,這種以嗅覺體驗為漫步的重點,在一個地方或場所穿梭的行為,可幫助人們識別、描述及歸納一個特定地方的氣味性質和文化細節。[36] 氣味漫步作為一種研究方法,近年經常被應用到不同領域裡,包括城市規劃、景觀設計、教育學習、文化遺產、科技媒體等。縱然氣味的記錄及採樣包含質性及量性的方式,但無可否認當中必然存在主觀的感知經驗,故此有研究

35 Reinhard, A. (2023, August 3). Taking a "Smell walk" slashes stress and boosts your Mood–Here's how to do it. *Best Life*. https://bestlifeonline.com/smell-walk/

36 Davis, L., & Thys-Şenocak, L. (2017). Heritage and scent: Research and exhibition of Istanbul's changing smellscapes. *International Journal of Heritage Studies*, 23(8). pp. 723-741.

員嘗試使用電子鼻（electronic nose）感應器對沿途氣味進行感測確認。[37]

此外，有內地學者曾經將氣味與聲音等多感官體驗結合，分別針對中國黑龍江哈爾濱的三種城市公共空間（Urban Public Open Space, UPOS）展開感官漫步（sensewalk）的研究，範圍涵蓋了歷史城區、商業大街、自然公園等多個不同地點。[38] 其研究結果發現，氣味與聲音的感官體驗能相互作用，影響市民對社區環境的評價及主觀印象。例如，芳香的氣味可改善市民對環境噪音的主觀評價。這些發現對於未來如何從感官設計的角度去制定宜居城市的環境政策，具有重要的參考價值。雖然目前的氣味漫步大多以城市規劃研究或旅遊體驗為主要導向，但有學者呼籲，未來可以將其延伸應用於城市感官遺產以及懷舊文化的研究領域。

氣味漫步的方式其實非常多元化，視乎研究項目的性質或活動舉辦的目的，路線規劃、時間安排、人數限制、主題內容等方面，都可以有不同形式的實現。就此，有澳洲學者針對 2012 年至 2022 年期間關於氣味漫步的研究，作出系統性的分析 [39]，大致總括了如下四個方面：

1. **路線方面**：氣味漫步的路線，可以是事先規劃的固定路線，也可以是根據參加者當下的嗅覺感知，跟隨聞到的氣味而走，甚至隨機即興轉換路線也是可以的。
2. **時間方面**：由於氣味漫步是一種主動帶有意識的嗅聞，長時間下

---

37 Gongora, A., Chaves, D., Jaenal, A., Monroy, J., & Gonzalez-Jimenez, J. (2018). Toward the generation of smell maps: Matching electro-chemical sensor information with human odor perception. In *Applications of Intelligent Systems*, IOS Press. pp. 134-145.

38 Ba, M., Li, Z., & Kang, J. (2023). The multisensory environmental evaluations of sound and odour in urban public open spaces. *Environment and Planning B: Urban Analytics and City Science*, 50(7). pp. 1759-1774.

39 Parker, M., Spennemann, D. H., & Bond, J. (2024). Methodologies for smellwalks and scentwalks–A critical review. *Chemical Senses*, 49. pp. 1-12.

來會造成嗅覺疲勞，導致感知麻木。因此，一般氣味漫步的活動時長，建議維持在 30–90 分鐘左右，視乎活動範圍大小而定。

3. **人數方面**：可以因應活動目的而採取不同模式，例如單人模式（solo）、雙人模式（duo）以及團體模式（group）。單人模式可以完全由個人興趣出發，隨意地遊走探索；而雙人模式強調的是聯合當地人的參與，讓外來人與當地人共同探索，特別有助於發掘本土飲食文化、宗教習俗、動植物生態等內容；團體模式則可以促進成員之間的互動分享，藉此加深對一個地方的認識和成員之間的連結。
4. **內容方面**：城市氣味豐富又多變，至今氣味漫步的流程以及收集氣味數據的方式，並沒有像聲音漫步一樣設有 ISO 國際統一標準及框架。[40] 按著活動性質的不同，參加者在氣味漫步過程裡，可以進行多方面的資料收集記錄，包括文字描述、視覺圖像或數碼影像等。這些資料通常與參加者感知到的氣味屬性息息相關，例如特定氣味的強度、持續時間及頻率、氣味擴散範圍，以及一些主觀感受的判斷，像是愉悅度以及舒適度，還有特定氣味喚起的記憶及感覺等。而參加者在氣味漫步過程中感知到的氣味，亦會因每次步行的天氣、季節、晝夜等客觀因素不同而有所改變。

氣味景觀，聞得到的城市景觀

通過氣味漫步感知到的城市景觀，往往與眼睛見到的城市視覺景觀有所不同，有時甚至產生一種奇趣又突兀的情境反差。一般來說，景觀或稱風景，指的是眼所見得到的景象。當談到城市風景，人們多數想到的是由自然地形及建築組群構成的視覺地標，那些讓人看得到的視覺特徵。而謝弗提出的聲音景觀，則是指由城市聲音組成的景觀，他的觀點打破了視覺壟斷城市形象的局面。

後來文化地理學家 J．道格拉斯．波蒂斯在 1985 年將這個概念延伸至氣味景觀，即由氣味構成的景象。不同的國家、省市、社區、街

---

40 ISO. 2018. *Acoustics–soundscape. Part 2 data collection and reporting requirements*. International Standards Organisation.

道以至大廈都有其獨特的氣味景觀，那是相當地方性的。氣味漫步可以作為氣味景觀的採樣方法，在特定研究範圍裡面嗅聞、捕捉和記錄城市的氣味。[41] 氣味景觀，雖然與聲音景觀類似，是反映感官與地域的關連以及其背後文化價值的地域景觀，但氣味景觀更緊跟社會發展，隨著時間、地點、人物、事件等，每分每秒都在發生本質變化。

城市氣味景觀，關乎一個城市的地理氣候變化、空間建設規劃、交通道路設計、廢棄物處理程序等環境因素，還關係到居住人口組成、地方飲食文化、生活節慶習俗、市民生活形態等人文因素。城市的生活每天都充滿著各式各樣的氣味，有些剎那間撲鼻而來，或驚喜或驚嚇，讓人瞬間留意又瞬間麻木；有些靜悄悄飄來，然後又靜悄悄飄走，不帶走一片雲彩；有些卻深刻印記在心坎內，讓人久久不能忘懷。時常環繞在人們身邊的包括路過麵包店聞到的剛出爐的麵包香、走入街市聞到的魚腥味、快餐店飄出的薯條味、擠巴士時聞到的體汗味、搭電梯聞到的香水味、後巷散發的坑渠味、不小心踩到的狗糞味等等。

不同於聲音景觀可以透過環境聲音採樣，記錄聲音產生及轉變的過程，氣味景觀的採樣主要是透過氣味漫步來進行，而記錄方式目前仍然是以文字、圖像、影像等媒介為主，即使捕捉當下真實存在的氣味，有時也難以長久保存在固定狀態，很容易隨時間及空間而變異及流失。因此，氣味景觀更著重於如何體驗、記錄並透過另一種感官媒介再現，大多是一種主觀經歷的反映。

來自城市設計與規劃背景的維多利亞・亨肖，所著《城市氣味景觀》（*Urban Smellscapes*）一書，屬早期比較系統整理相關論述的著作。作者雖然英年早逝，卻是影響近年城市氣味景觀研究的一位重要學者。亨肖認為氣味景觀是人所能感知和理解的嗅覺環境，就著其特定的情境（context）而受記憶和過去經驗影響。她曾經聯同

---

41 Porteous, J. D. (1985). Smellscape. *Progress in Physical Geography*, 9(3). pp. 356-378.

建築師及城市規劃師在英國城鎮進行氣味漫步，藉此探討城市背後的空氣污染、食物處理以至廢棄物政策等問題。亨肖認為，氣味深深影響人們如何感知一個城市，就如氣味影響顧客對產品的印象一樣，可惜現時大部分城市規劃都對氣味體驗不予重視，以致當代城市氣味景觀就像倒模一樣，聞起來都差不多，欠缺城市自身特色。加上英國隨著工業發展把廠房遷移至鄉鎮或其他發展中國家，亨肖以往熟悉的城市氣味，例如香料、煤炭、酵母、啤酒花等幾乎全都消失，取而代之是一些無菌無味的中性氣味場所，又或在她看來是被虛情假意的人造香水覆蓋的消費場所。

有鑑於此，亨肖認為一個城市不應該因為環境衛生而過度消除其獨有的氣味。反之，應該藉由塑造城市氣味景觀去凸顯一個地方的特色。因此，她提出了管理及控制城市氣味景觀的四種方法：

1. **區隔（Separation）**：通過活動的規劃或遷移，使氣味在空間或時間上作出區隔。例如排氣喉的系統、抽油煙機的設計、吸煙區的劃分、高速公路的綠化等。
2. **除臭（Deodorisation）**：有規劃地去除或淡化污穢物與廢置物所發出的氣味。例如垃圾收集站、冰箱除臭劑、空氣淨化機、街道清潔等工作。
3. **遮蓋（Masking）**：以一種氣味遮蓋另一種氣味，重點在於隱藏或改變原有的氣味。例如香體噴霧、空氣清新劑等。
4. **芳香化（Scenting）**：引入一種特定的芳香氣味，重點在於突出香氣本身的作用。例如合成香水、食物加工、零售消費場所等。

亨肖認為城市氣味景觀就像是一個城市發展的文化印記，由不同氣味碰撞混合而成，並在時間及空間上不斷進行演變。而良好的城市氣味景觀設計與規劃，能夠帶來地方創生（Placemaking）的正面影響，不僅有助於一個城市的形象塑造，更能孕育人與環境之間的相互關係。

氣味，無疑在時間及空間中真實存在，由氣味所形成的景觀，雖看不見也摸不著，卻深深影響著整個城市的感官景觀以至生活經驗，

代表著那時、那刻、那地的一種社會結構狀態。氣味景觀屬於城市，也屬於個人，基於個人嗅覺感知而產生，繼而引發回憶和聯想，短暫卻不斷變化，看似無常卻最為持久。不過，城市氣味景觀常常因其揮發性而變得碎片化，進而容易被人忽略。因此，人們如何透過不同手段去感知、記錄和分享氣味景觀變得相當重要。

氣味地圖：可視化的嗅覺敘事

英國感官藝術家凱特・麥克萊恩（Kate McLean）將氣味漫步體驗到的氣味景觀視覺化，繪製成多姿多彩又不失資訊性的氣味地圖（Smellmap），她稱之為一種可視化嗅覺敘事（Visualising Olfactory Narrative）。[42] 麥克萊恩直言受到波蒂斯及好友亨肖的啟發，自 2012 年起，在愛丁堡藝術學院嘗試以視覺傳達設計的方式記錄城市氣味。2013 年她前往英國皇家藝術學院攻讀博士時，展開了一系列有關繪製城市氣味地圖的工作。麥克萊恩先後嘗試用水彩的筆觸、數碼的設計、形態的動畫、具象的雕塑等等去呈現氣味地圖，為的是鼓勵和激發人們重新感受城市的氣味景觀，繼而建立起自身對城市氣味的記憶關聯。麥克萊恩指出，她是以繪製地圖的方式去驗證氣味景觀的時空質性感知特徵（*"qualitatively-perceived spatial and*

42 SensoryMaps. https://sensorymaps.com/.

temporal characteristics of the olfactory landscape"）。即是說，氣味地圖不是以量化為標準，而是強調在一定時間及空間下所能感知到的城市嗅覺景觀特徵。

麥克萊恩在研究氣味地圖時，發現最早的氣味漫步記錄可追溯到1790年。當時有一位名叫讓・諾埃爾・哈雷（Jean Noël Hallé）的法國醫生，受到皇家醫學會（Royal Society of Medicine）委託，對巴黎塞納河沿岸的毒氣展開衛生調查，哈雷及他的助手因此對塞納河沿岸出現的氣味作出記錄。在此，氣味被形容為一種具有連續性的敘述（"*smell as a sequential narrative*"）。麥克萊恩繪製氣味地圖最初是從英國格拉斯哥開始，後來在攻讀博士期間，她以新加坡及基輔兩個截然不同城市作為重點案例研究，至今足跡已遍及二十多個城市，包括紐約、米蘭、阿姆斯特丹等。當麥克萊恩帶領氣味漫步導賞團時，她經常鼓勵參加者透過三種不同的方法去感受周圍環境的氣味：

1. **捕捉氣味（Smell Catching）**：指單純感受從四方八面飄過來的氣味，當氣味飄過時，參加者就如同拿著一個無形的捕捉網將之記錄下來。一般來說，參加者與氣味源之間存在著一段距離，這些氣味通常由氣流帶動。
2. **狩獵氣味（Smell Hunting）**：指主動去尋找及發現隱藏的氣味，例如撕開樹葉去嗅聞植物的芳香、伏在地上近距離嗅聞地表的氣味，又或俯身靠近有坑紋的牆壁去發現那些隱藏在角落的氣味。
3. **研究氣味（Smell Research）**：指選擇某個特定的類別去進行氣味探索，例如，不同商店的氣味會因為販賣的貨品種類而異，導致參加者獲得不同的氣味體驗。

參加者在氣味漫步的過程中，需要邊走邊聞，還要邊做記錄，麥克萊恩稱之為「氣味筆記」（Smellnote）。[43] 參加者需要在工作紙寫下所感知到的氣味名字（無論是字面上抑或情感上）、氣味強弱（1–7

43 McLean K. (2019). *Nose-first: practices of smellwalking and smellscape mapping* [Thesis]. Royal College of Art.

級）、氣味持續長短（1-7 級）、個人喜好程度（1-7 級）、是否在預期之內、個人聯想或感受等等。參加者感受到的可能是一些意想不到卻讓人感到好奇的氣味（curious or unexpected smell），例如，從路人身上發出的不知名又轉瞬即逝的氣味，或是一些偶發性的情節氣味（episodic smell），像是清晨街市魚檔的氣味、停泊在港口的郵輪燃油味等等，又或是一些背景氣味（background smell），即在特定環境持續存在的氣味，例如來自運河或森林公園的氣味等等。2014 年，麥克萊恩在西班牙一個以奔牛節聞名的城市 —— 潘普洛納（Pamplona）帶領接近 60 位當地人進行超過 5 小時的氣味漫步，然後從參加者感知到的 441 種氣味裡面，篩選出 117 種獲當地人認可具代表性的城市氣味。

其後，麥克萊恩於 2015 年聯同其他研究員進一步設計了城市氣味景觀香輪（Urban Smellscape Aroma Wheel），將一般城市會出現的背景氣味以及情節氣味分為十大類別，包括交通類、廢氣類、垃圾類、煙草類、清潔類、動物類、工業類、自然類、食物類、合成類。[44] 在城市氣味景觀的香輪上，麥克萊恩將不同的氣味類別對應到特定的顏色上，例如煙草類用啡色代表，自然類用綠色代表。除了顏色以外，她亦透過線條強弱及形狀大小等視覺元素在氣味地圖上標示該氣味的濃度強弱以及覆蓋範圍。麥克萊恩認為，將通過氣味漫步收集到的資訊可視化，是建構氣味地圖的重要環節。

近年來，有不少人沿用麥克萊恩的方法，繪製了世界各地不同城市的氣味地圖。例如，來自清華大學建築學院的龍瀛教授，2017 年在北京南鑼鼓巷組織了氣味漫步及氣味地圖的繪製。他依據麥克萊恩的城市氣味景觀香輪，對老北京出現的氣味分類，讓 15 位調查員在南鑼鼓巷進行 75 分鐘的氣味漫步，記錄了 55 種氣味。當中以食物類為主，像炸雞味、孜然味、滷煮味等，也有些氣味是跟生活有關的，像筆芯味、中藥味、雪花膏味等。龍瀛表示，製作團隊雖然在氣味地圖上刻意標示了不同類別的氣味，但其實南鑼鼓巷各個街角

44 Aiello, L, McLean, K, Quercia, D, Schifanella, R. (2015). Urban Smellscape Aroma Wheel. https://goodcitylife.org/smellymaps/img/aromawheel/urban_smellwheel.pdf.

都充斥著炸雞、炸薯條的混和氣味。由於胡同狹窄，廢氣排放的氣味亦較為嚴重。此外，由於當時正在進行拆除及重建工程，該區塵土飛揚，生活垃圾氣味亦隨之構成該區的氣味特色。研究團隊將城市氣味分為「靜態氣味」及「動態氣味」：前者是由固定的氣味源發出，如炸雞店的氣味；後者是由流動氣味源發出，如路人抽煙的氣味。龍瀛強調，是次南鑼鼓巷的調研對象主要是「靜態氣味」而沒有包含「動態氣味」，儘管後者在日常生活裡更容易引起人們的關注。他期望透過街道氣味地圖的研究，了解氣味對人們在空間感知和情感行為方面的影響，從而進一步提升社區活力及居民幸福感，甚至可以依據氣味地圖規劃不同的旅遊主題路線，豐富在地的出行體驗。

氣味漫步、氣味景觀以及氣味地圖繪製等實踐，一方面對城市獨有的氣味形態作出記錄，另一方面可以作為一種城市漫遊的方式，幫助人們突破日常生活的視聽界限，親自探索認識城市文化。當穿梭於不同的街道時，參與者可以感受當下的城市生活氣息，在城市探索的同時展開心靈探索，將這些氣味所牽起的記憶與情感深深烙印在心裡。

第二章　聞香不是香

「聞香不是香」指的是聞到的氣味不僅指向氣味本體而已，而且指向氣味所勾起的回憶、牽動的情感、引發的聯想等等。嗅覺感官偏向第一身主觀感知，而且氣味的流動性極強，這一刻還在四周瀰漫，下一刻已不知所蹤，但亦正因為如此，嗅覺開闢了個體與社會連結的另類途徑，促使人們以不一樣的角度看待日常生活習以為常的一切，珍惜當下每一次的嗅聞體驗。

本章提出以嗅覺感官為導向，鼓勵人們大膽跟隨自己鼻尖的帶領，隨意輕鬆地遊走於城市的大街小巷，認識主流視覺景觀以外的另一道感官風景，讓每個人發現屬於自己的氣味地圖，勾畫出個人的情感記憶。氣味漫步所關注的並不是客觀的數據分析或精準的空氣質量監測，也不是城市歷史的考證。本書並未意圖提供全面的澳門街道氣味景觀記錄，亦不打算為澳門每個堂區譜上精準的氣味地圖。反之，本章提倡從感官民族誌的角度，鼓勵人們透過嗅覺為主要導向的感官漫步，結合視覺、聽覺、觸覺、味覺等其他感官體驗，展開澳門在地探「索」之旅，無論是居民或遊客，相信都會有不同的體會。

正因為氣味本質充滿了隨機、偶發與流動，城市氣味漫步會隨著開展活動的時間以至當時的環境因素，如氣溫、風向、濕度等，還有出現的人物、事件、物件而有所不同，就像一場永遠不會重複的城市氣味藝術表演一樣，既有它的恆常性，又有它的突發性，一方面隨時間流逝而產生氣味變化，另一方面隨空間開關而影響氣味濃淡，還會隨人流密度而產生氣味變數等等，更不用說因散步者的個人嗅覺感知和情感聯想經驗不同而產生不同的感受和體悟。

這使得氣味的一些平時看似是缺點的特質，如轉瞬即逝、難以保留、個人差異等等，成了個體在城市氣味探索體驗過程中的優點，那種隨機、偶發、變化、混雜，透過藝術設計的創作手段，統統可以轉化成為亮點特色，使氣味的共享變得有趣吸引。同一片天空、同一座城市、同一個社區、同一條街道，在不同時間與季節，與不同的人結伴前往，都可以使每次氣味漫步的體驗變得不一樣，總有驚喜的意外發現。

在澳門近年發展本地文化旅遊多元化的背景下，這種結合感官民族誌的氣味漫步，正由此打開一個感知城市生活的新途徑，以創新方式為未來文化旅遊注入新動力。一個城市的氣味景觀，不單代表這個環境空間存在著怎樣的芳香分子，還代表著城市背後的歷史文化、經濟活動以及生活方式等等。正因為氣味之於每個人的感受與意義都不同，藉由氣味漫步展開的城市聞香之旅，促使同行者彼此之間的分享，一起發現日常生活之中蘊藏的真善美，建立城市的情感連結。

因此，本章提出的氣味漫步，不止於發現澳門城市不同的街區氣味，而是透過描述當下的氣味景觀，鼓勵人們嘗試以第一身嗅覺感官角度，認識不一樣的澳門，感受箇中人情味。接下來每一節以不同特色的主題路線，從藝術文遺、橫街窄巷、地道街市、旅遊娛樂等角度切入，從街區背景展開序幕，透過第一層「聞香是香」記錄員主觀的嗅覺感知體驗，記錄及描述當時的氣味發現，繼而進到第二層「聞香不是香」，嘗試分析街區的氣味景觀。從氣味發現到氣味景觀的描述，都只針對筆者與研究團隊在那時那地的主觀嗅覺感知經驗，並不代表那裡永恆的氣味記號，亦不代表集體共同的氣味回憶，只代表某個特定時空的片段採樣。筆者期望藉此拋磚引玉，講述如何透過氣味漫步作為一個認識及感受澳門的另類途徑。

§1　城市探「索」：澳門氣味景觀遊

當提到澳門的城市景觀，不知道大家腦海中浮現的是什麼？大三巴抑或媽閣廟？旅遊塔還是新葡京？路氹金光大道抑或只是不知名的街角一隅？

早期畫家筆下的澳門，大多是主教山教堂伴隨恬靜的西灣湖景，反映當時的澳門只是一個與世無爭的小村落；間或有媽閣廟的風景，描繪了昔日漁村的生活面貌；而山丘上的東望洋燈塔，反映當時葡萄牙的航海地位以及船隻頻繁往來的情況；其後隨著旅遊業陸續發展，大三巴成了澳門最典型的城市地標。筆者還記得小時候收看香港的電視台，每當見到新聞報導員旁邊出現大三巴標誌，就知道當日會報道關於澳門的新聞。毗鄰葡京酒店的澳氹大橋（官方名稱為嘉樂庇總督大橋）是上世紀八九十年代澳門明信片常見的城市景觀，那是澳門本島與氹仔離島接通的第一條大橋，一方面標誌著澳門城市發展的延伸，另一方面反映當時賭博業的繁榮興旺。直至 2003 年澳門賭權開放，城市景觀慢慢拓展到路氹金光大道的綜合度假村酒店。至於澳門本島方面，新葡京與舊唐樓對比強烈的視覺景觀，也因為一幅登在國家地理雜誌（*National Geographic*）的攝影作品而聲名大噪。[1] 以往的民生區域因為這道獨特的城市景觀，至今仍吸引眾多旅客絡繹不絕地前往打卡。

1　2018 年，國家地理雜誌舉辦了「National Geographic Travel Photographer of the Year（年度旅遊攝影師）」攝影比賽，刊登了一幅由 Paul Tsui 拍攝、名為「The INVASION」的作品，圖片介紹為「在澳門的一條寧靜街道上，周圍的現代化，正在急速地改變這個城市」（*"A quiet street in macau. Modernization around is quickly changing the city."*）。該作品被日本網民在 Twitter 上討論炒熱，繼而聲名傳回澳門，照片中的這一片獨特的景觀也成了遊客的打卡熱點，反映了澳門賭博娛樂新景觀與舊城舊貌並存的特色。

這些視覺景觀共同勾畫了一個城市的天際線（Skyline），一個城市能夠擁有獨樹一幟的天際線，有助於在全球多不勝數的城市中脫穎而出，奠定城市的國際形象，讓人易於識別。這些天際線通常是由高聳入雲的建築物與特殊的自然地貌共同構建而成。自然地貌或許不易改變，但興建高層的摩天大樓以及外型獨特的地標，卻可以透過環境及建築設計來營造，這些人造景觀可以反映出一個城市重視的自身價值是什麼。文化評論人李展鵬在《隱形澳門》一書中曾經提出三秒鐘的「天際線驗證法」[2]，意思是透過天際線可以看到一個城市當時的政經局勢，哪怕只是一些照片或圖畫，只需三秒鐘就能看出端倪。這些天際線可以反映出當時的經濟形態、文化環境、科技發展、政治局面等，甚至是產業或社群的權力面貌。特別在現今手機先行的打卡年代，從一間茶餐廳到一個城市地標，無不想盡辦法爭取人們的目光，搶眼球的手段更是千奇百趣。然而，這些視聽先決的手段，或許可以幫助一時的曝光、點擊與流量，但是最後在人們心裡留下來的、腦海中記住的，到底真正有多少呢？

嗅覺，與情感及記憶密不可分。到底可以如何透過城市氣味景觀，為居民帶來更強的歸屬感並讓遊客留下更深刻的印象？一個城市的氣味景觀，如何反映當時社會的文化、經濟以及民生面貌？澳門隨處可見橫街窄巷，商舖、住宅、食肆、學校、診所及辦公大樓等等分佈密集。過往城市發展並不一定依循嚴謹的空間規劃策略，於是不同性質的場域常常毗鄰在一起，尤其在舊區，食肆與住宅、商舖與診所等地方產生的氣味因而奇妙地交織在一起。

本章將嘗試結合澳門旅遊城市形象以及民間地道生活面貌，從文化遺產歷史城區到最貼地的公共街市，展開澳門氣味漫步，多角度引領讀者感受澳門另類的氣味景觀，期望透過氣味景觀分析，認識澳門當下的城市生活形態。筆者與研究團隊實地到訪傳統風景畫最常見到的南灣西灣以至主教山一帶、曾經賑災派米且歷史悠久的蓮峯古廟、最能捕捉市民生活面貌的公共街市、博彩賭收超越拉斯維加

2　李展鵬：《隱形澳門：被忽視的城市與文化》，台北：遠足文化，2018 年，頁 120-123。

斯的路氹金光大道等，展開澳門城市氣味景觀探「索」之旅。這次漫步既糅合了澳門多元文化匯聚的文遺旅遊芳香，又充滿澳門人情味濃厚的市井生活氣息。由於氣味景觀受季節、時間、天氣等因素影響，故此每一節都會標示到訪的時間、天氣及地點。此外，為了方便讀者理解到訪地點的周邊環境，每一節均會標示其所屬堂區與統計區，以及相關的街區地圖。

§2　藝術文遺的香氣：從視覺藝術景觀聞起

受歷史、地理、文化、經濟等因素影響，澳門一直扮演著藝術「樞紐」的角色，吸引來自不同文化背景的藝術家聚居於此並共同建構澳門藝術獨特的風格。自 16 世紀中葉葡萄牙人抵澳，西方油畫隨傳教士而來，對中國早期油畫的發展起到關鍵作用。到 20 世紀初，由於政治及經濟環境變化，陸續有很多嶺南畫派的藝術家南下到澳門，讓中西方藝術在此並行發展。

情境主義下的視覺藝術景觀

不論是偏重環境紀實的「自然風景畫」，抑或是藝術家移情述懷的「想像風景畫」，如果套用視覺藝術的「情境主義」（Contextualism）分析，這些風景畫都一定程度上反映了藝術家的創作心境與其時澳門社會的歷史、文化、經濟、民生等面貌。透過這些視覺藝術作品，可以了解澳門不同時期的社會變遷。

早期關於澳門的風景畫，主要描繪一些本島堤岸的風貌，多以南灣、西灣到主教山一帶為背景。以「澳門美術研究會」（即澳門美術協會前身）創會成員蔡一山的布本油畫作品《遠眺主教山教堂》（*A View of Chapel of Our Lady of Penha from Distance*，1957）為例，畫家描繪由南灣眺望主教山所見景致，映照著乘風而行的漁船，感覺恬靜非常。而來自俄羅斯的喬治・史密羅夫（George Vitalievich Smirnoff）木板油畫作品《遠眺主教山聖堂》（*View of Praia Grande and Penha Hill in a Storm*，1945）則是少數描繪風暴下的南灣與主教山的風景畫。兩幅畫作反映出兩位畫家創作時不同的心境以及生活經歷：蔡一山來自書香世家，自幼習畫，他的作品大多充滿著寧靜愉悅的感覺；而史密羅夫自幼隨母親從海參崴遷居哈爾濱及青島，再到香港及澳門，生活顛沛流離，經歷不同文化洗禮。因此，就算是同一個地方，不同畫家筆下呈現的視覺藝術景觀也大不相同。

來到 20 世紀初，受政治及經濟影響，陸續有很多嶺南畫派的藝術家南下到澳門，亦有 40 年代因為香港時局動盪而避居澳門的。其時，澳門匯聚的嶺南畫派畫家有高劍父、司徒奇、楊善深等，這批畫家以工筆或寫意的方式，描繪了澳門當時常見的花鳥等，這也是對當時澳門自然風貌的一種呈現。

而有關於市井生活的繪畫，早期較為人熟悉的有 19 世紀中葉來自英國的畫家喬治・錢納利（George Chinnery）。他寓居澳門並葬於澳門基督教墳場（位處白鴿巢公園側），其寓所附近的千年利街（Rua George Chinnery）更是為紀念他而得名。錢納利透過速寫、水彩及油畫，捕捉了當時澳門的市井生活，他畫筆下盡是傳教士、小販、賭徒、蜑家女的身影。與此同時，他亦描繪了當時中西式建築物的外觀，議事亭前地、聖保祿教堂、媽閣廟等，都是他筆下描繪的澳門風景，至今仍是很珍貴的社會記錄，透過這些藝術作品可以了解當時澳門的人文風貌。

到了 20 世紀 50 年代，澳門聚居了不少從內地南下的人，他們大多居住在簡陋的木屋房子，時有火災發生。澳門美術研究會創會成員陸昌的布本油畫作品《祖國關懷送大米》（1957）就描繪了青洲木屋大火後慈善團體在蓮峯古廟前賑災派米的情況，表現了當時基層民眾生活一隅。70 年代有郭士的布本油畫作品《三輪車夫》（1973），描繪了澳門街角三輪車夫的身影。這種人力三輪車是澳門昔日的代步交通工具，時至今日已變成了一種讓遊客乘坐遊覽澳門本島的特色觀光交通工具。

文化旅遊下的城市氣味景觀

在錢納利誕辰二百五十週年之際（2024 年），澳門藝術博物館曾舉辦「漫步畫遊澳門街」活動，試圖突破傳統博物館美術導賞的限制，將整個導賞活動延伸至戶外空間，結合藝術、戲劇及旅遊等元素，一方面期望拉近大眾與藝術之間的距離，另一方面將導賞融入戲劇表演，讓導賞員穿上戲劇服飾，以別開生面的方式，帶領參加者穿梭昔日錢納利筆下的澳門。

其實這種跟隨藝術作品展開城市漫步的方式，近年在不同地區常有所見，從藝術作品的視覺景觀延伸到當下的氣味景觀探索也是其中很受歡迎的一類，像一趟從古到今的穿越旅程。例如，英國劍橋科技博物館（Cambridge Museum of Technology）於 2023 年舉辦的氣味漫步活動，目的是帶領民眾探索劍橋過去城市工業遺產的氣味足跡。而台灣師範大學美術館亦曾於 2020 年推出「以樹為名藝術散策計畫 —— 從美術館出發的氣味散步」的導覽活動[3]，帶領參加者從大學校園出發，探索附近社區的氣味景觀，感受從早上巷口早餐店的油煙味，到下午烘焙店新鮮出爐的麵包味，再到夜間校園微風吹送的樹木花香等。

若然今天在澳門跟隨這些風景畫的足跡而走，又會得到怎樣的氣味景觀？它又將如何反映澳門當下的社會面貌？接下來，筆者與研究團隊將實地到訪傳統風景畫最常描繪的南灣、西灣、主教山，還有歷史悠久的蓮峯古廟，開展另類的澳門氣味漫步。

2.1 繁華與恬靜的擺渡 —— 南灣、西灣

時間：2024 年 4 月 26 日（正午）　　**天氣**：陰天、多雲、有雨

地點：南灣大馬路（Avenida da Praia Grande）
南灣湖景大馬路（Avenida Panorâmica do Lago Nam Van）
西灣街（Rua da Praia do Bom Parto）

堂區：大堂區　　**統計區**：外港及南灣湖新填海區

記錄：鍾惠惠　　**整理**：黎美琪

I. 街區背景：

位於澳門本島南端的南灣及西灣，是昔日很多風景畫描繪的澳門標誌性景觀。漁船歸來靠岸，背後豎立著主教山，這裡原是連成一體的河堤，屬於最繁華的商業地帶。直到 90 年代才延伸出現時澳門旅遊塔、立法會及終審法院所在的填海地段，將該區分隔成南灣湖及西灣湖。

3　台灣師範大學美術館：〈從美術館出發的氣味散步〉，2020 年，https://www.artmuse.ntnu.edu.tw/index.php/2020/11/11/1121event1/。

圖 2.1：西灣湖畔

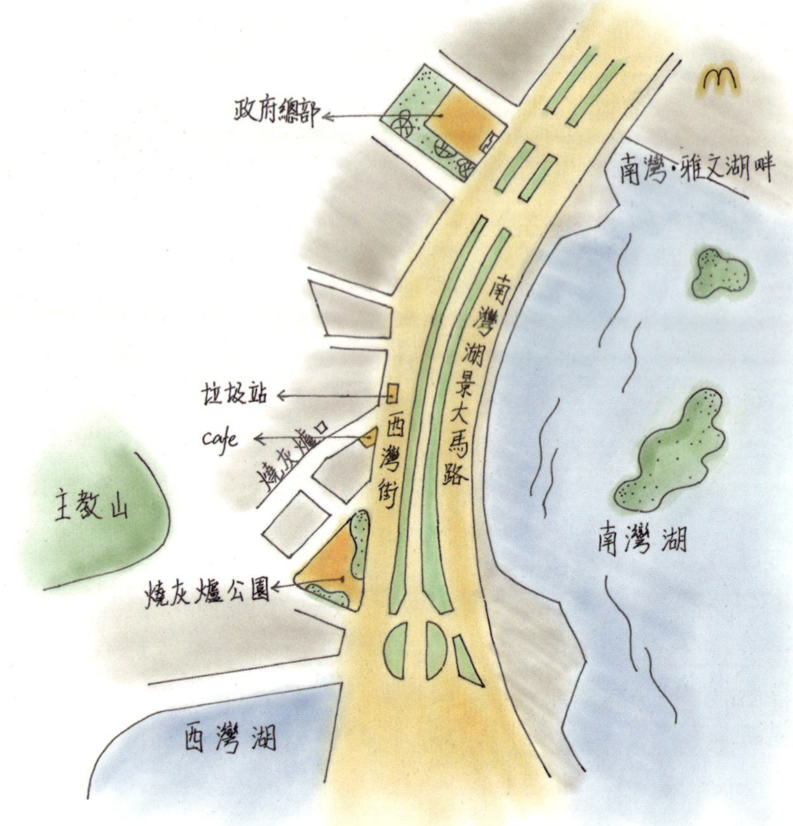

圖 2.1.1：從南灣湖景大馬路走到西灣街，再走到南灣大馬路的路線圖

南灣大馬路是何鴻燊博士大馬路西側，靠近政府總部的行車道，由燒灰爐口及西灣街一帶，直通往葡京酒店（俗稱舊葡京）位置，即嘉思欄砲台、陸軍俱樂部及兵營斜巷附近。南灣大馬路全長約 1130 米，是澳門昔日的沿岸馬路，原名南灣街，至今仍是商業及政府部門集中地段，很多風景畫都描繪了這一帶的面貌。而南灣湖景大馬路及何鴻燊博士大馬路都是上世紀 90 年代填海時才鋪設的。

南灣湖景大馬路，顧名思義就是一條沿著南灣湖岸修築的大馬路，從區華利前地直通到立法會。行人道長約 1000 米，由於單向行車，對比起西側雙向行車的何鴻燊博士大馬路，整體車流量較少，更貼合南灣湖幽靜的氛圍。面對政府總部的南灣湖地段，早年曾經有多間酒吧在此經營。2016 年，澳門特區政府跨部門合作發展該地段，結合旅遊、文創、餐飲、水上活動等元素，將其打造成為休閒地標，並命名為「南灣・雅文湖畔」。南灣湖由於靠近新馬路（官方名稱為亞美打利庇盧大馬路），很多政府部門、商業中心、旅遊景點都分佈在這一帶，因此南灣湖比起西灣湖有較多的人流。

西灣湖因為遠離商業中心且靠近主教山，區內建築多以官邸及別墅為主，一直以來都是澳門本島難得的恬靜角落，加上出於保護澳門世界文化遺產的考慮，該地段至今尚未被過度開發，仍保留昔日那種歐陸式悠然自得的風貌。而西灣街是由燒灰爐公園到燒灰爐口的一段小路，長僅 230 米，南接民國大馬路通往西灣湖，北接南灣大馬路，是位於南灣與西灣之間的一段海濱馬路，後來因為填海關係，成為內陸街道。（圖 2.1.1）

II. 氣味發現：

從南灣湖景大馬路北端出發，首先在南灣湖美式快餐店門外，聞到一股油炸薯條的氣味。當走到「南灣・雅文湖畔」下層行人道時，隨風飄來了湖面隱隱約約的鹹腥味（圖 2.1.2）。

其後逐漸遠離上層行車道以及商業中心地段，視覺風景及周邊的環境聲音都變得悠然安靜。當走到南灣湖景大馬路中段，陸續見到行

圖 2.1.2：人工湖邊隨風飄來了鹹腥味

圖 2.1.3 – 圖 2.1.4：西灣街亮麗活潑的街道色彩，沿途盤根錯節的老樹投下濃蔭，空氣散發著草青味、泥土味、雨水味

1911
AVENIDA
REPUBLICA

人經過，有遛狗的，有跑步的，也有吸煙的，隨之聞到了一陣香煙味。此時，突然下起雨來，不得不停步稍歇，此時似乎有股怪異的氣味湧現，環顧四周，未找到氣味來源。繼續往前走到南灣湖水上活動中心，過了對面馬路，來到燒灰爐公園面前，沿西灣街折返。

西灣街及燒灰爐公園這一帶聞到的氣味，對比起剛才南灣湖附近的都市氣味，更偏向大自然的氣息。剛才灑下的雨水濕潤了這一帶行人道，空氣中夾雜了草青味、泥土味、雨水味等等。由於當日天陰，自南灣湖畔望去只見到灰沉沉的天空，來到一路之隔的西灣街以後，眼前的色彩即刻顯得亮麗活潑（圖 2.1.3），行人道上有綠油油的老樹以及盤根錯節的樹根（圖 2.1.4），滿有生命力。適逢雨後陰涼，偶爾還聽到小鳥叫聲。這些視聽感受與大自然的清新氣味顯得相當匹配。

在西灣街上沿著公園往燒灰爐口（羅飛勒前地）的方向繼續走，忽然聞到濃濃的咖啡香，發現來自旁邊的一間咖啡店。時值正午，雖然尚未見到有客人出入，店舖已經在準備咖啡。這間咖啡店座落於 1868 年建成的葡萄牙莊園式建築內（原利瑪竇中學附屬小學大樓舊址，現被評定為文物建築）。旁邊相連的洋房是原怡和洋行舊址，同樣被評定為文物建築，前身為英國東印度公司的物業。咖啡店正對著垃圾收集站及資源回收箱（圖 2.1.5），但是沒有聞到預期的難聞臭味。

當繼續往南灣大馬路方向前進，嗅覺感知從自然氣息瞬間切換到一陣陰陰涼涼的氣味，原來這裡有好幾個面向行人路的停車場出入口（圖 2.1.6）。繼續往前走，遇到一間店舖，店外擺賣著盆栽及水果，店內提供改衣服務，於是植物、水果、成衣幾種氣味混在一起。另一間日式雜貨店，門口飄著涼涼的冷氣味以及包裝塑膠味。繼續沿著南灣大馬路往舊法院方向走，突然被一陣濃濃的煮食油煙味包圍，抬頭一望，發現有很多食肆的抽油煙機排氣口都面向行人路（圖 2.1.7）。正值午飯時間，走在路上擦肩而過的路人隱隱約約散發一陣汗味，與剛剛進站的巴士廢氣味混在一起。

圖 2.1.5：垃圾收集站附近沒有預期的異味

圖 2.1.6 – 圖 2.1.7：多個停車場出口及食肆抽油煙機排氣口都面向行人路，造成一冷一熱既焦躁悶熱又陰涼的奇異感覺

III. 氣味景觀：

繁華與恬靜的穿梭

南灣與西灣的景致，昔日無論在藝術家筆下，又或在導演鏡頭中，一直切換於繁華與恬靜之間。來到今天，視覺景觀已隨著周邊填海及道路建設，經歷了幾次翻新變樣。然而，這裡的氣味景觀仍然貫徹著繁華與恬靜交織的感覺，一濃一淡，一快一慢，在人造景觀與自然景觀之間擺渡。看似屬於同一地段，但視乎散步的方向，內外兩側的行人路，可以存在截然不同的氣味景觀。南灣行人匆匆而過，西灣遊人施施而行。在靠近南灣大馬路一帶，氣味總是濃郁的，無論是來自餐廳的油煙味、薯條味，抑或路人的汗臭味、巴士

的廢氣味，都帶有強烈的城市感，偶爾還夾雜了來自停車場出入口與商舖店面門口陰陰涼涼的氣味。走在南灣大馬路上，可算是經歷嗅覺上的五味雜陳。對比之下，位處南灣大馬路南端的西灣街上則是另一道氣味景觀，那裡滲透著草青味與泥土味。縱使大地同樣被一陣雨水灑過，西灣街行人道盡是花圃綠叢散發的自然清涼氣味，與南灣大馬路石屎行人路散發的濕滑悶熱氣味是不一樣的。雖然西灣街上設有垃圾收集站，但無阻這一帶的氣味景觀清新自然。反之，對面填海建成的南灣湖景大馬路，由於靠近人工湖，那種鹹腥味形成了自然景與人造景的強烈對比。

自然與旅遊的氣息

南灣與西灣，屬於澳門歷史最悠久的地段之一，隨著填海發展，堤岸風景先後多次變遷。南灣現時集結了銀行、律師行、政府機關等辦公大樓，還有珠寶金行、波鞋運動用品店、購物商場等旅遊特色商店，還有餐廳食肆與咖啡店，加上該區經常處於交通繁忙的狀態，形成的氣味大雜燴可想而知。而西灣周邊初級法院大樓的建造工程以及媽閣輕軌路段的修建，也為那一帶樹葉泥土的自然氣味添上了一層灰塵味。

2.2　見證滄海桑田的真我氣息 —— 主教山小堂

時間：2024 年 5 月 2 日（黃昏）　　**天氣：**陰天、多雲、有雨
地點：主教山小堂（Ermida de Nossa Senhora da Penha）
堂區：風順堂區　　**統計區：**南西灣及主教山區
記錄：唐彩寧　　**整理：**黎美琪

I. 街區背景：

主教山小堂，又稱西望洋教堂。據說於 1622 年為防禦荷蘭入侵而建，經歷多次重修，矗立至今，是東亞區現存最古老的天主教堂之一，被評定為文物建築。西望洋山上的聖堂與東望洋山上的燈塔，可算是昔日澳門半島東西兩邊的臨海制高點。主教山周邊分佈多處

圖 2.2：從主教山聖堂眺望

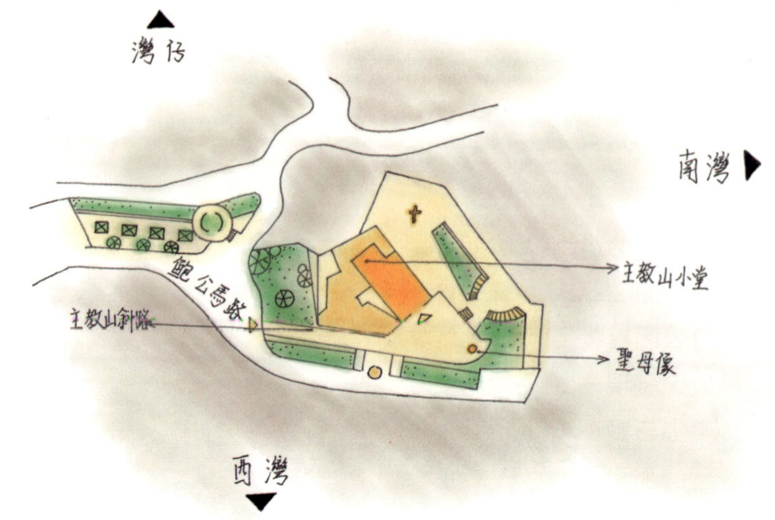

圖 2.2.1：從鮑公馬路走上主教山小堂

世界文化遺產，包括亞婆井前地、鄭家大屋、港務局大樓等，此外還有領事官邸及別墅。早期澳門的明信片及風景繪畫，大多以主教山為小城標誌性的印記，這些珍貴的藏品現時多保存於澳門檔案館及澳門藝術博物館。畫家們筆下的主教山，大多呈現恬靜安謐的風貌，不僅是對視覺風景的描繪，也反映了當時畫家們內心世界對澳門的情感投射，是一種內觀的風景。

這座位於西望洋山上的聖堂，一直靜看世情，見證澳門小城的變化：90 年代初南灣及西灣填海工程，把昔日連成一線的美麗海灣，分隔成南灣湖與西灣湖，繁華與恬靜各有天地；1993 年澳葡政府興建象徵中葡兩國友好關係的紀念物「融和門」，至今靜悄悄地見證著西灣大橋上每日穿梭往來不斷的旅遊巴、泥頭車與跨境車；2001 年澳門旅遊塔的開幕，翻開了澳門會展娛樂業的新篇章；2023 年輕軌媽閣站通車啟用，進一步將澳門半島、氹仔、路環貫通連接……這一切滄海桑田，主教山小堂見證著澳門由小漁村發展成為大都會。然而，這裡的安逸與寧靜，好像絲毫沒有被打擾，至今依然能飽覽山下澳門景色，從新葡京、永利、美高梅的爭奇鬥豔，再到南灣湖延伸到旅遊塔的閒情風光，左有澳氹大橋，右有西灣大橋，遠眺氹仔對岸及珠海橫琴，每年吸引各地遊客、新郎新娘、電影團隊前往遊覽拍攝，欣賞澳門小山之上教堂之美（圖 2.2.1）。

II. 氣味發現：

從主教山小堂的拱門鐵閘進入，下雨過後，小斜坡路旁石壁滲透著陣陣涼意（圖 2.2.2）。來到教堂前的廣場（圖 2.2.3），清風吹來，帶著周邊公園植物剛被濕潤的草青味。沿廣場聖母像前方的環形樓梯往下走，發現一個高聳的石雕十字架，底部刻有「18.5.1900」，周圍有幾隻石獅子，佈滿了青苔，感覺特別陰涼（圖 2.2.4），這跟斜坡石壁的那種陰涼感有難以言喻的差異。剛巧這時，有一股濃濃的油漆味夾雜在空氣的雨水味之中，以為附近有維護翻新工程進行，但環望四周，並無發現。猜想可能是下雨天被工人臨時擱置的油漆工具散發的氣味，大雨來臨，工人避雨而去也未可知。其後從主教山小堂步行下山，沿著飽公馬路走，穿過一棟棟別墅，如果湊近別墅的鐵閘門口，還會聞到少許灰塵鐵鏽味，尤其被雨水洗刷過後，空氣中盡顯歲月痕跡。

圖 2.2.2：小斜坡路旁石壁滲透著陣陣陰涼

圖 2.2.3：主教山小堂前的廣場

圖 2.2.4：石雕十字架與周圍的石獅子都佈滿了青苔，感覺特別陰涼

III. 氣味景觀：

與世無爭的真我氣息

如果要尋找豐富刺激的氣味雜燴，主教山上的氣味景觀必然讓人感到若有所失。在眼前開闊的澳門本島南端景色之下，青苔與青草的氣味只是默默地在背後襯托著，教堂的舊木調與石牆冰冷的感覺，彷彿靜訴這裡悠長的歷史。迎面而來的分不清是從南灣湖抑或西灣湖吹來的風，帶著雨後泥土濕潤的氣息，讓人豁然開朗、心曠神怡。對比起大三巴及官也街那些熱門的旅遊景點，主教山上沿途沒有葡撻的誘人香味、豬肉乾的手信味、藥房的冷氣味，沒有突兀奇異的氣味忽然湧現，反而瀰漫著悠然自得、保持真我的氣息。

圖 2.2.5：主教山聖母像與來往的遊人

兩袖清風的氣味減法

若然大三巴那邊的氣味是多元混雜的加法，主教山這邊的氣味必然是兩袖清風的減法。在這樣的氣味景觀之下，面對著西灣大橋上的車水馬龍，時間彷彿靜止了一樣。偶爾有遊人來往或駐足，將氣味帶來又飄走。這裡的氣味景觀一如主教山聖母像般神態安詳（圖 2.2.5），靜看世情的變化，幾百年以來屹立在西望洋山上，見證這塊土地上一切的人事變遷，至今依然昂首挺立，哪怕風吹雨打，依然散發真我的馨香。

2.3 廟宇香火的成長記憶 —— 蓮峯廟

時間：2024 年 5 月 4 日（下午）
2024 年 9 月 3 日（中午）
天氣：微風、雨後晴天
地點：蓮峯廟（Templo de Lin Fong）
堂區：花地瑪堂區
統計區：望廈及水塘區
記錄：鍾惠惠、黎美琪
整理：黎美琪

I. 街區背景：

蓮峯廟，與媽閣廟及觀音堂並列為澳門三大古廟，被評定為文物建築。寺廟位於望廈山（原名蓮峯山）北面，三面被街道圍繞（蓮峯街、罅些喇提督大馬路、拱形馬路），距離關閘口岸僅約十分鐘路程（圖 2.3.1）。目前廟宇以供奉天后及觀音為主。相傳清朝林則徐於道光十九年（1839 年）與兩廣總督來到澳門巡視，在蓮峯廟會見澳葡理事官。當時澳門是鴉片集散地，林則徐在此明確查禁鴉片買賣，現時蓮峯廟前地的林則徐像及林則徐紀念館就是為紀念此事而建（圖 2.3.2）。來到 50 年代，澳門美術協會創會成員陸昌曾以蓮峯廟為背景，創作了一幅名叫《祖國關懷送大米》（1957）的布本油畫作品，描繪 1955 年青洲木屋大火後慈善團體在蓮峯廟前賑災派米的情況。時至今日，蓮峯廟這個地方仍扮演著不同的社會角色，除了廟宇祭祀及歷史紀念以外，在蓮峯廟鐵閘入口左側建有蓮峯慈善綜合診療中心（圖 2.3.3），提供中醫保健、推拿、針灸等服務。而蓮

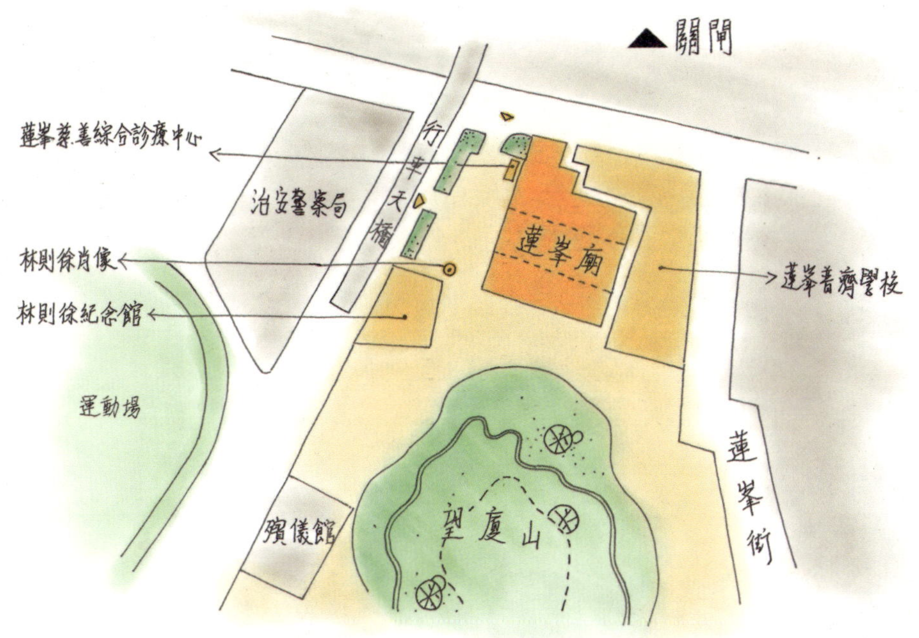

圖 2.3.1：蓮峯廟周邊被三條街道圍繞（蓮峯街、罅些喇提督大馬路、拱形馬路），毗鄰林則徐紀念館、蓮峯普濟學校，以及蓮峯慈善綜合診療中心

圖 2.3.2：蓮峯廟前地的林則徐像及林則徐紀念館

圖 2.3：蓮峯古廟

峯廟仁壽殿右側有蓮峯普濟學校，廟內有一道側門可以直通學校（圖 2.3.4），廟前空地還設有籃球架及跑道標線（圖 2.3.5），偶爾有小學生在空地活動。

圖 2.3.3：蓮峯廟鐵閘入口左側有蓮峯慈善綜合診療中心

圖 2.3.4：蓮峯廟內有一道側門直通蓮峯普濟學校

圖 2.3.5：廟前空地有藍球架及跑道標線

II. 氣味發現：

走近蓮峯廟鐵閘門口，隱約聞到一股中藥氣味，從蓮峯廟旁邊的診療中心傳出，中心門口掛著「夜診」兩個字。當日剛剛下完雨，廟宇前地的古樹、神殿的牆身與地板都帶點潮濕的氣味。甫踏進蓮峯廟的山門，一股濃濃的香火味就撲鼻而來，雖然天陰小雨又是下午時段，廟內仍然彌漫著燒香煙熏的氣味，可想而知在一些特別的祭祀日子，廟宇香火氣味可能更為濃烈。

廟宇內為傳統的天井結構，牆壁上有些石雕刻畫，池塘裡一群錦鯉游來游去，或許有些是被信眾放生的，稍微靠近便會聞到一點點池腥味（圖 2.3.6）。走入神殿內，香火的氣味從四方八面湧來，神殿兩側點滿了由屋頂垂吊下來的盤香（圖 2.3.7），加起來足有數十盤，而神壇前香油燈的氣味亦摻雜在這一團香火氣味當中（圖 2.3.8）。沉浸在廟宇的香火氛圍中，與置身於廟外提督馬路行車天橋聞到的廢氣味（圖 2.3.9），彷彿兩個平行的時空。

圖 2.3.6：廟內池塘滲透一絲絲的池腥味

圖 2.3.7：神殿兩側點滿了由屋頂垂吊下來的盤香

圖 2.3.8：神壇前香油燈的氣味

圖 2.3.9：廟外行車天橋傳來的廢氣味與嘈雜聲，與廟宇內的香火味與鳥叫聲，仿若兩個平行時空

III. 氣味景觀：

身心關懷的香火味

蓮峯廟的氣味景觀，毫不意外地被一股濃重的香火氣味籠罩著。雖然當日下雨，空氣滲透著一絲雨水味，但仍然無阻香火帶來的溫暖感，垂吊的盤香氣味，似早已瀰漫於廟宇每一個角落。雖然同為廟宇，蓮峯廟的氣味景觀仍有別於媽閣廟、觀音堂這兩間古廟，因為蓮峯廟毗鄰學校、診療中心與行車天橋，這裡的氣味景觀別有意思。

蓮峯廟的氣味景觀以無處不在的香火氣味為基底，近門口處又摻雜了中藥材的氣味，似乎反映了蓮峯廟提供給信眾的，不止於心靈上的精神寄託，還有身體上的診療支援，正如昔日青洲木屋大火後各界在此賑災派米的情境一樣。

青春球場的記憶香

蓮峯廟古色古香的歷史足跡與充滿年青朝氣的學校形成了有趣的碰撞。對於在蓮峯學校長大的學生來說，從小就被祈願的香火熏陶著，似帶著滿滿的祝福。廟宇香火味就是成長記憶的一部分，也是傳統與現代文化之間的情感橋樑。

§3 橫街窄巷的氣息：從澳門步行路線聞起

澳門，一個佔地總面積僅有 33.3 平方公里的城市，除了一般行車道路以外，還佈滿縱橫交錯的橫街窄巷，有時一步之遙就已經跨過對面馬路，有別於那些能容納幾條行車線並排的大城市。故此，從前坊間喜歡將廣州、香港、澳門三座城市分別俗稱為「廣州城」、「香港地」、「澳門街」，可見澳門之小。但正因為澳門這些橫街窄巷，在這座城市裡進行氣味漫步變得更為有趣。

澳門中葡文街道名稱

如澳門前港務局顧問傅玉蘭所述[4]，澳門的街道標識及名稱充滿中葡特色，當中包括常見的街、巷、路，也有反映中國傳統鄰里社區特點的里、坊、市、口，亦有葡萄牙歐洲城市常有的廣場、前地、馬路，還有結合澳門地勢特色的台、石級、斜坡。自 1869 年澳葡政府為澳門街道定名至今，澳門整個城市的街道面貌已有多番變更。一些以里、圍、坊、市、口、台命名的街道已不常見，有些被遷拆或改道，甚至已然在地圖上消失，而街、巷、路、前地、廣場等地名多存留至今。有些街道甚至同時擁有兩三個不同的中文名稱，圍、里、街可以指向同一個地方，例如：

- 果欄橫街 / 西瓜里 Beco da Melancia
- 夜㑹斜巷 / 崗頂斜路 Calçada do Gamboa
- 福隆圍 / 清和里 / 虱乸街 Pátio da Felicidade
- 亞美打利庇盧大馬路 / 新馬路 Avenida de Almeida Ribeiro

4 傅玉蘭：〈澳門街道標幟及名稱〉，《澳門研究》，第 5 期，1997 年 1 月，澳門基金會出版。

相比之下，街道的葡文名稱通常只有一個，但相同的葡文單詞可能同時對應著不同的中文翻譯，例如「Estrada」就可以譯作街、路、公路、馬路：

- Estrada do Campo 田畔街
- Estrada Militar 陸軍路
- Estrada de Sete Tanques 七潭公路
- Estrada do Reservatório 水塘馬路

根據澳門地圖繪製暨地籍局的「澳門街道門牌查詢系統」[5]，以街道名稱關鍵字查詢的統計結果大致如下（截至 2024 年 9 月），由於中葡街道命名方式不同，下列統計數字或存在重複計算，因此並列葡文名稱以助了解街道情況，可約略分為三大類：

1. 短街：

- Escada / Escadaria 石級 / 梯：8 筆
- Pátio 圍 / 台：147 筆
- Beco 里 / 圍：128 筆
- Travessa 巷：264 筆
- Calçada 斜巷 / 街：39 筆
- Rampa 斜坡 / 斜路：11 筆

2. 長街：

- Caminho 村路 / 路：11 筆
- Rua 街 / 路：458 筆
- Estrada 馬路 / 公路 / 街 / 路：55 筆
- Avenida 大馬路 / 馬路 / 路：95 筆

---

5 澳門特別行政區政府地圖繪製暨地籍局：澳門街道門牌查詢系統，https://webmap.gis.gov.mo/AddressSearch/chn/。

3. 廣場：

- Largo 前地 / 廣場 / 公地：42 筆
- Praceta 前地 / 廣場 / 花園：12 筆
- Praça 前地 / 廣場：20 筆
- Alameda 廣場：4 筆

由此可見，澳門的地名裡，街（Rua）與巷（Travessa）是最多的，用橫街窄巷來形容澳門是最貼切不過。面積小小的一個城市，遍佈大大小小的街道，一小時的步行路程可能已經穿梭了幾十條街道。

澳門街的漫步路線

過去十年，澳門的四個政府部門先後針對居民出行及遊客觀光，推出不同類型的步行路線。而因應各個政府部門的主要職能，每條路線各有側重點及地方特色。例如澳門地圖繪製暨地籍局曾經推出《步行路線地圖》[6]，推介了從澳門半島到路氹離島共 11 條步行路線，鼓勵步行優先的生活理念，著重介紹民生市政設施。而澳門市政署自 2012 年起推出名為「漫步澳門街之認識澳門」的 19 條各具特色的主題步行路線[7]，其中有追尋藝術家、詩人、華商等歷史名人足跡的路線，亦有針對認識廟宇、古村、「圍」、「里」生活的路線，還有觀賞內港風貌、自然風景的路線，更少不了介紹特色老店鋪這樣偏重旅遊導向的路線，鼓勵遊客透過步行認識澳門歷史、感受風景之美，同時期望居民藉由走過前人的足跡，憶起昔日生活片段，重塑集體回憶。當中就有以西洋畫家史密羅夫及中國嶺南畫派高劍父足跡為主題的兩條路線：「畫家史密羅夫的足跡」路線著重介紹了聖玫瑰堂、聖老楞佐教堂等教堂；而「畫家高劍父的足跡」路線，則

6　澳門特別行政區政府地圖繪製暨地籍局：步行路線地圖，https://routemap.dscc.gov.mo/zh/dscc-routes.html。

7　澳門特別行政區政府市政署：漫步澳門街之認識澳門，https://macaostreets.iam.gov.mo/zh_mo/index.html。

行經他曾寓居的普濟禪院、曾舉辦畫展的新中央酒店及澳門商會原址，展現澳門美術發展的歷程。

澳門文化局於 2014 年製作《澳門文創地圖》[8]，分別推出紙本地圖及手機應用程式，至今已設計了 8 條「特色文創旅遊路線」，主要介紹澳門世界遺產、博物館、藝術空間、展覽畫廊、表演場地、文創特色店舖等，不定期作出更新。而澳門旅遊局更是針對遊客重點規劃了中區世遺遊、望德堂文藝遊、氹仔葡韻遊、路環悠閒遊四大主題路線。此外亦有配合澳門「創意城市美食之都」[9] 推出的「美食地圖」[10]，介紹獲獎餐廳並附有本地食評 KOL 的推薦。還有以乘坐特色交通工具為主打的遊覽路線，例如「三輪車之旅」及「開篷巴士遊」。

澳門這座既有中西藝術歷史文化遺產，又有評定為「美食之都」的旅遊城市，總面積 33.3 平方公里內有一千多條街道，可以規劃出超過四十多條步行路線，可想而知在澳門散步絕對不缺方向與目標。筆者並無意在此基礎上再強行添加「氣味漫步路線」，只是期望從一些保留澳門昔日社會面貌的街道開始，探「索」澳門街今天的氣味景觀。接下來，筆者與研究團隊將從以動植物命名的街道出發，分別在雀里、鶴鶉巷、玫瑰里、樹木巷這四個地方開展澳門氣味景觀遊。

3.1　同巷不同味 —— 雀里

時間：2024 年 8 月 22 日（下午）　**天氣**：晴天、間中有風
地點：雀里（Beco dos Pássaros）
堂區：花王堂區　**統計區**：高士德及雅廉訪區
記錄：戴子欽　**整理**：黎美琪

8　澳門特別行政區政府地圖繪製暨地籍局（資料來源：澳門特別行政區政府文化局）：澳門文創地圖，https://routemap.dscc.gov.mo/zh/icm-routes.html。

9　澳門於 2017 年 10 月 31 日獲聯合國教科文組織評為「創意城市美食之都」。

10　澳門特別行政區政府旅遊局：美食地圖，https://maps.gastronomy.gov.mo/zh-hant/。

圖 3.1：雀里一角

I. 街區背景：

雀里，一條巷被爹利仙拿姑娘街分為左右兩邊（圖 3.1.1）。雀里靠近連勝馬路方向的一半是 U 型掘頭路，並無任何出口，旁邊剛好有一棟大樓正在興建（圖 3.1.2）；而靠近羅神父街方向的一半，可通往附近相連的蛤巷、田螺里、草蓆巷、草蜢巷、布巷、鈕巷（圖 3.1.3）。被爹利仙拿姑娘街分隔的雀里估計原先是連貫的巷道，後

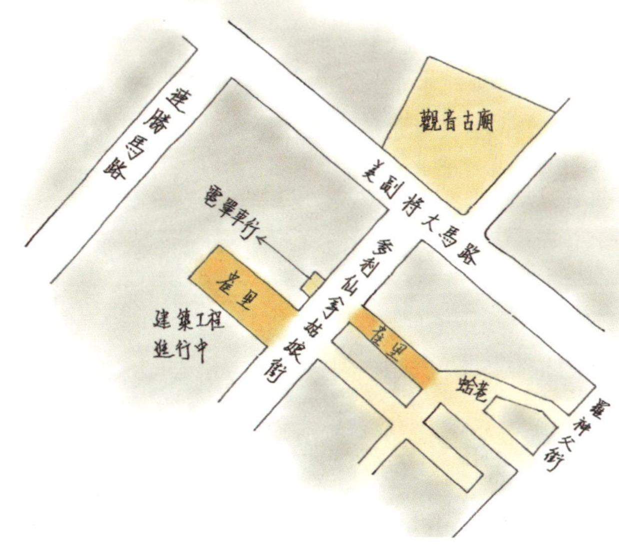

圖 3.1.1：雀里被爹利仙拿姑娘街分隔成左右兩段，鄰近有觀音古廟

圖 3.1.2：靠近連勝馬路方向的一段雀里為掘頭路，旁邊有樓宇工程的粉塵味以及附近電單車的汽油味

圖 3.1.3：靠近羅神父街方向的雀里通往蛤巷、田螺里、草蓆巷等地，空氣相對流通，只有從低層民宅偶爾傳來的油煙味

來隨著鄰近街道發展及樓宇興建才被分為兩段。該區域現時屬於花王堂區的民生地段，鄰近高士德校區，爹利仙拿姑娘街與美副將大馬路交界的路口正對著觀音古廟。

II. 氣味發現：

靠近連勝馬路方向的半條雀里，裡面停泊了不少電單車，加上正有建築工程進行，街口又有一間維修電單車的車行（圖 3.1.4），因此有較重的汽油殘餘味（或稱尾氣味），而且有一些由周邊工程掀起的建築粉塵在空中飛揚，間中還會聞到一絲絲下水道氣味。雖然不遠處有觀音古廟，但穿梭於雀里兩邊的時候，聞到的香火味並不明顯（圖 3.1.5）。靠近羅神父街一邊的雀里，空氣相對流通，沒有嗅到什麼特殊氣味。由於這邊的街巷接近民宅，經過個別大廈時，反而會聞到一陣陣從低層住宅傳出的油煙味。

III. 氣味景觀：

同名不同味

同一條雀里，因被劃分成兩段路而擁有兩種不同的氣味景觀。靠近連勝馬路方向的雀里，由於屬於掘頭路，通風受限，較易積聚不同

圖 3.1.4：進入雀里前會聞到附近車行的汽油殘餘味

圖 3.1.5：鄰近觀音古廟，但聞到的香火味並不明顯

的氣味，當中以汽油殘餘味、建築粉塵味、下水道氣味為主，加上鄰近有一間電單車行，所以巷內巷外都飄逸著電單車的汽油殘餘味，形成了一種特有的機械氣息。而汽油的濃郁與廢氣的辛辣，共同交織出一幅充滿機械工業與能量發動感覺的氣味景觀。由於有一棟樓宇正在進行裝修，偶爾飄來建築粉塵，氣味雖然稱不上宜人，卻是社區發展的見證，為這條巷的氣味景觀添了新層次。靠近羅神父街方向的雀里，由於能夠通過其他小巷直達羅神父街，故此會有比較多行人及電單車出入。從這半條雀里附近的街道名稱（例如蛤巷、田螺里、草蓆巷、草蜢巷、布巷、鈕巷等），可以想像昔日這一帶的民生面貌。

機械與生活的混合

這些「里」與「巷」在今天的城市發展規模下看，比起一些大馬路，更顯得微不足道，難用作主要交通樞紐，故現時大多成為內巷，行人與電單車共同穿梭，而且周邊低層樓宇比較多，油煙味也相對容易聞得到。因此，一條沒有雀鳥氣味的雀里，夾雜了電單車汽油味、建築工程的粉塵味與下水道積水味，又帶點人間煙火的油煙味。這種氣味景觀構成了澳門橫街小巷一個獨特又典型的氣味標記。

3.2　上髮廊的鵪鶉 —— 鵪鶉巷

時間：2024 年 8 月 23 日（上午）　　**天氣**：晴天、間中有雲
地點：鵪鶉巷（Travessa da Codorniz）
堂區：大堂區　　**統計區**：中區
記錄：戴子欽　　**整理**：黎美琪

I. 街區背景：

鵪鶉巷是一條掘頭路，入口位於巴冷登街，整條巷與東望洋新街平行（圖 3.2.1）。鵪鶉巷旁邊的東望洋新街近年因為一張新葡京與舊區街景對比強烈的照片而成為打卡熱點，帶旺了該區人流。其實那一帶有很多以動物命名的小巷，很多人擦身而過卻不以為意。除了鵪鶉巷以外，附近還有兔巷、山雞巷等。鄰近的雀仔園屬於澳門開埠最早期的民生區之一，同時亦是雀鳥（廣東話俗稱雀仔）的棲息地。昔日該地區位處舊城牆內的邊緣地帶，種滿林木。據說當時的葡萄牙人喜歡到此打獵，故將這一帶稱呼為雀仔園。由此不難理

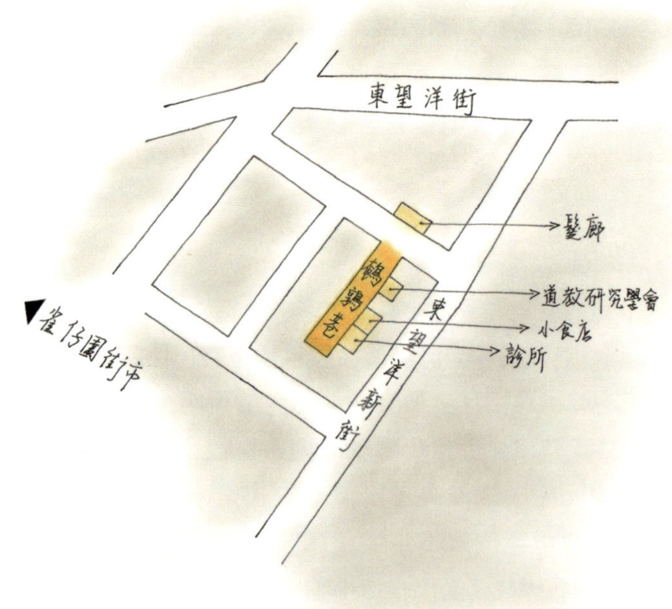

圖 3.2.1：鵪鶉巷位處東望洋新街與雀仔園街市附近

解，何以會有鶴鶉巷、兔巷、山雞巷這些特別的街名。然而隨著城市發展，這些以動物命名的街道，今天都變成了小巷或掘頭路。

II. 氣味發現：

鵪鶉巷偶有電單車停泊，加上是掘頭路的緣故，電單車汽油味較難散開（圖 3.2.2）。但由於鵪鶉巷入口正對著一間髮廊（圖 3.2.3），因此巷口有濃濃的洗頭水味，有時甚至蓋過了電單車汽油味。巷內有一間道教研究學會，門口地面處擺放了神像與香爐，經過時聞到

圖 3.2.2：鵪鶉巷是一條掘頭路，電單車汽油味較難散開

圖 3.2.3：鵪鶉巷入口正對著一間髮廊

圖 3.2：鵪鶉巷的路牌與塗鴉

圖 3.2.4：道教研究學會門前的香火味與低層住宅傳來的飯香味交織在一起

圖 3.2.5：巷內鐵皮圍欄滲出鐵鏽味

圖 3.2.6：診所門前的冷氣味與小食店的油煙味成了一冷一熱的對比

一絲絲的香火味。到訪時正接近午飯時間，香火味與樓上住宅飄來的飯香味交織（圖 3.2.4）。在鶴鶉巷內再往前走，便會看到一個生鏽的鐵圍欄，鼻子湊近會聞到一股鐵鏽的氣味（圖 3.2.5），與巷內一間小食店散發的油煙味，以及診所店門前冷氣機的冷風有著奇妙的交集（圖 3.2.6）。

III. 氣味景觀：

鶴鶉巷的洗頭味

鶴鶉巷與澳門其他小巷一樣，被居民用作臨時停泊電單車的地方，空氣中少不免瀰漫著一股電單車汽油味。然而，巷口髮廊的洗頭水氣味，人造化學感強烈，帶點刻意的芳香，掩蓋了汽油的刺鼻。汽油味與髮廊味雖然一剛一柔，但同樣屬於人工合成的化學氣味。

天地人間的伙食味

鶴鶉巷內的道教研究學會門前香爐，散發出供奉神像的香火味，剛巧正午時段周邊住宅飄出飯餸香。這兩種截然不同的氣味交織在一起，儘管各有特性，卻共同營造出一種有趣的氣味景觀 —— 神像祭祀與人間灶頭仿似共享一道饗宴，可算是一種天地人間的伙食味。澳門舊區由於低層唐樓較多，樓宇單位之間的距離狹小，經常出現窗戶對窗戶的緊密對視，有時甚至僅隔一支晾衫竹或衣架的距離，是真正的近在咫尺、毗連靠倚，故此很多住戶都會安裝防盜花籠。鶴鶉巷的住宅簷篷與防盜花籠，滲出一絲絲的鐵鏽味，與巷內那些日久失修殘留下來的生鏽鐵皮圍欄的鐵鏽味無縫地結合在一起。一些花籠上佈滿了灰塵，帶有歲月痕跡的鐵鏽味與灰塵味似象徵著這地帶無人看管。然而，巷內診所門前的冷氣味與小食店的油煙味濃郁而嗆鼻，形成了一冷一熱的鮮明對比，共同構成了一種街角小巷獨有的氣息。這些氣味雖不至討好，卻是城市生活真實的一部分，表明這條鶴鶉巷仍靜悄悄地活著。

3.3 突兀共融的浪漫 —— 玫瑰里

時間：2024 年 8 月 23 日（中午） **天氣**：晴天、烈陽
地點：玫瑰里 / 聚龍通津 / 騎樓街（Beco da Rosa）
堂區：花王堂區 **統計區**：沙梨頭及大三巴區
記錄：戴子欽 **整理**：黎美琪

I. 街區背景：

玫瑰里，又名聚龍通津、騎樓街，三個名稱均指向同一個地方（圖 3.3.1）。這種一地多名的情況不是玫瑰里獨有，鄰近的果欄橫街又名西瓜里，高德里又名船澳口，擔桿里又名草堆橫街。這反映了沙梨頭這一帶的歷史發展，在不同年代遺留下不同的名字。據說這裡早年有一座外廊式建築（俗稱騎樓）種滿了玫瑰，因而得名，葡文街道名稱亦有「Rosa」（玫瑰）字樣。而別名聚龍通津則與巷內歷史悠久的聚龍社有關。聚龍社與聚龍舊社僅一牆之隔，據說裡面有一塊石碑自清嘉慶二十四年已豎立於斯，社內奉祀土地公，而通津意為四通八達的渡口。玫瑰里並不是一條筆直的街道，由於受到後來興建樓宇的影響，可以將之視為兩段相連的小路，一段由爛鬼樓（又名爛鬼樓巷、爛鬼樓新街）直通到好富大廈，另一段由祥安大廈穿到關前正街。現時玫瑰里的地面鋪有玫瑰圖案的葡式石仔路，大概是因應近年旅遊推廣而加設的（圖 3.3.2）。

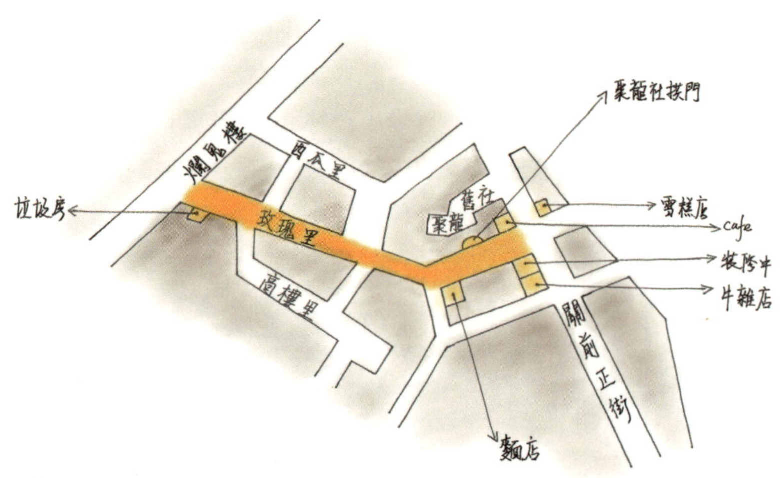

圖 3.3.1：玫瑰里貫穿了爛鬼樓與關前正街

圖 3.3.2：玫瑰里鋪有玫瑰圖案的葡式石仔路

圖 3.3.3：烈日下的鐵皮屋鐵鏽味與下水道工程的酸味在玫瑰里交匯

II. 氣味發現：

由爛鬼樓進入玫瑰里，首先遇到街區垃圾房及路旁鐵皮屋圍欄，在烈日當空的映照下，炎熱的空氣與鐵鏽味產生一種共融的氣息（圖 3.3.3）。再往前走，來到玫瑰里與擔桿里交界的一間麵家，時值正午，隨風飄來了麵家的炒菜味。相隔僅數步，有一間地舖正進行裝修，門口又有下水道改建工程。因此，裝修的天拿水味、油漆味，下水道的異味，還有麵家午市的炒菜味，十分奇妙地在玫瑰里的一隅相遇。

圖 3.3：一地三名的玫瑰里

繼續往關前正街方向走，下水道的酸腐味仍然徘徊在巷道上，與附近大廈牆壁青苔滲出的青澀味混合在一起。此時有一股鹹魚鹹蝦味不知從何而來，估計是周邊住宅廚房傳出。於是，一種既酸且濕又帶點鹹香的氣味，就在這名稱充滿花香的玫瑰里飄蕩，確是十分獨特的情境。

走近聚龍社，看見裡面的土地公神壇供奉著幾尊神像，神像前面擺放的香爐散發出刺鼻的香燭味（圖 3.3.4）。正午烈陽照射下，聚龍社的外牆亦滲透著一種熾熱的牆磚味。在玫瑰里與關前正街交界處看見一間咖啡店正在休店，沒有出現預期的咖啡香，反而對面雪糕店飄來陣陣奶香味，似乎補足了這一道芳香缺口。而站到關前正街上（圖 3.3.5），一股牛雜味混雜著裝修材料的水泥味，從附近的小食店飄來匯聚於此。以上大概就是這一帶舊區巷里的氣味標記。

III. 氣味景觀：

你的名字我的氣味

玫瑰，溫柔卻帶刺，在文學小說的世界裡既是浪漫愛情的象徵，亦可以是刺客暗殺的記號，兩種貌似衝突的形象毫不違和地集於一身展現人前。就像玫瑰里，這條名稱裡充滿浪漫氣息的街道，今天卻散發著各種突兀卻又情境共融的氣味，既載有歷史歲月的痕跡，又充滿了生機與商機。在玫瑰里聞到的不是玫瑰花香，卻是一陣陣舊區改建工程的氣息，同時摻雜了街坊麵店及街頭小食的氣味，滿足居民與遊客的肚腹。浪漫的街道名字配上各樣生活氣息 —— 天拿水味、油漆味、水泥味、香燭味、麵店味、牛雜味、雪糕味等等識別度甚高的氣味，同處於一個城市空間，在玫瑰里交疊出現，反映了澳門舊區旅遊經濟發展的特色。

突兀共融的氣息

玫瑰里的氣味景觀，反映了澳門文化包容的特色。從鄰近爛鬼樓的一端走到關前正街的一端，正好由垃圾房走到咖啡店，從充滿人氣

圖 3.3.4：聚龍社中式圓拱門飄來香燭味與門外葡式石仔路上聞到的雪糕味相映成趣

圖 3.3.5：玫瑰里與關前正街交界小食店的牛雜味與店舖裝修的水泥味奇妙地交織在一起

的麵家到擺滿神像的聚龍社，從供奉天上神明的香燭味到維修下水道的氣味，休店的咖啡館配上街角的雪糕店氣味，牛雜味遇上了水泥味。供奉土地公神壇的聚龍社門外，鋪著葡萄牙特色的石仔路，這些彼此無關的元素，一起出現在澳門這塊獨特的土地上而毫不違和。玫瑰里貫穿了爛鬼樓與關前正街，昔日這一帶被稱作泗勝坊，是商貿往來人煙稠密的地區，華商聚居，鄰近碼頭堤岸，偶有火災水災。聚龍社的土地公神壇反映了本地居民祈求一方平安的信俗。雖然經歷一百多年變遷，玫瑰里不再時時散發玫瑰香，但背負著清朝以來歷史的中式石碑與門外鋪設的葡式石仔路，代表了澳門中葡交匯的獨特身份。那些天拿水味、油漆味、水泥味，象徵著舊區並沒有盲目地戀舊，仍然持續往前發展。而那些既中且西的食物氣味，如麵店味、鹹蝦味、牛雜味、雪糕味，還有街角咖啡店營業時可能散發的咖啡味，代表著澳門當今美食之都的角色。種種的氣味景觀，在澳門多元共融的社會氛圍下，奇妙地共處一里。

3.4　穿越古今的閒適 —— 樹木巷

時間：2024 年 8 月 23 日（下午）
2024 年 10 月 2 日（上午）

天氣：多雲
晴天、烈陽、乾燥

地點：樹木巷（Travessa da Árvore）

堂區：風順堂區

統計區：下環區

記錄：戴子欽、黎美琪

整理：黎美琪

I. 街區背景：

樹木巷，位處媽閣廟後方（圖 3.4.1），鄰近有水手里、船錨里、煙草里、石里。單憑街道名稱就可以想像古時這一帶的面貌 —— 水手擔著煙草拋錨登岸。相傳當年葡萄牙人就是在這裡登岸遇見了漁民，並將這片土地命名為「馬交」（Macao）。雖然故事的真確性有待商榷，但無損這一帶保留昔日小漁村的標記。樹木巷入口至今仍豎立著一棵堅實的古榕樹，默默見證著媽閣村最真實的風景變遷。樹木巷現時看似分為兩段，但原先是一條連貫的小巷，只是被一間廢置了的鐵皮屋從中阻隔，才顯得樹木巷迂迴曲折（圖 3.4.2）。

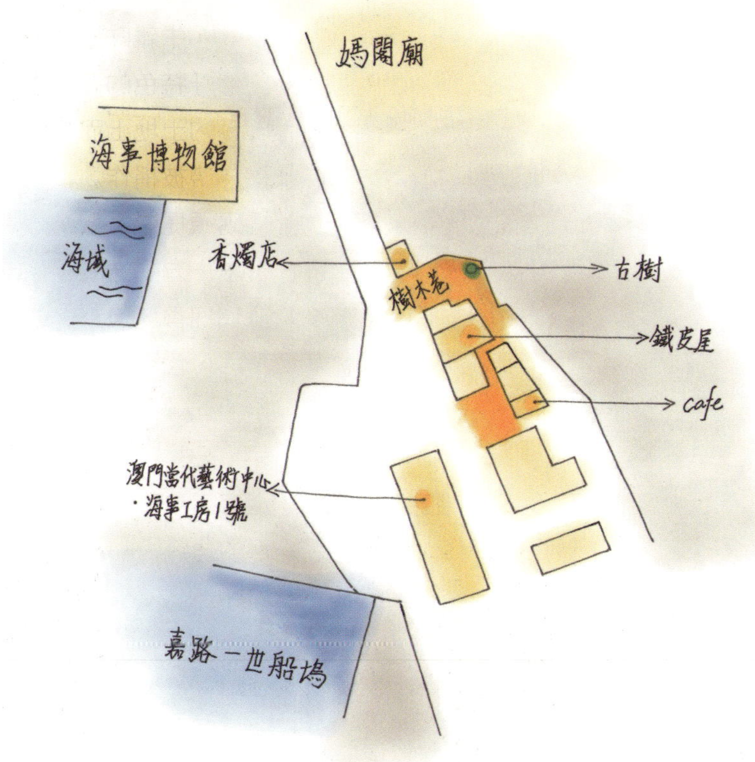

圖 3.4.1：樹木巷位處媽閣廟後方，近有澳門當代藝術中心，遠有海事博物館

圖 3.4.2：樹木巷中段被鐵皮屋阻隔，顯得迂迴曲折

圖 3.4：樹木巷口的古榕樹

II. 氣味發現：

從媽閣廟後方往樹木巷走，首先會在路口見到一間紅磚綠瓦的小屋，屋頂架著紅白藍帆布，下面伸出一個又大又醒目的黃底紅字——「香」。那是一間售賣香火蠟燭的小店，形如火炬足有一人高的香燭整齊地豎立在店門前，背後傳來由媽閣廟飄至的香火味（圖 3.4.3）。走進樹木巷，便看見前面有一棵巨大的榕樹，樹旁牆壁架設了晾衫竹，正在晾曬衣服，散發著夏日午後的溫暖氣息。在榕樹前方，一些蒸籠與藥材直接鋪曬在地上，湊近聞到一股幽幽淡淡的中

圖 3.4.3：巷口紅磚綠瓦的香燭店配上媽閣廟傳來的香燭味

圖 3.4.4：樹木巷榕樹旁晾曬衣服的陽光味夾雜著晾曬藥材的草本味

藥材味，夾雜著榕樹的清新氣息。而小店的紅色牆壁上靠滿了各種各樣的雜物，如花盤、地拖、木梯、紙箱、紅膠盤等等（圖 3.4.4）。

當日樹木巷周邊的區域正在施工，劏泥車的汽油味隨風飄到樹木巷，與巷內青磚土牆的炎夏氣味互相交融。巷內的一個路段停泊了幾輛電單車，汽油味與鄰近房子的裝修味充斥著這個區域。此外還有不知從那裡飄來的一陣香煙味。這幾種氣味各自獨立，並不交融。相比巷口的鄉土氣息，這裡好像瞬間把人拉回到現實。繼續往前走，來到樹木巷的尾段，見到一間白色外牆的咖啡店，聞到咖啡香與蛋糕香（圖 3.4.5），透過店舖玻璃看到客人正在享受懶洋洋的下午。

圖 3.4.5：從樹木巷的巷尾咖啡店飄來懶洋洋的午後咖啡香、蛋糕香

III. 氣味景觀：

媽閣巷口的情懷味

樹木巷的巷口飄逸著晾曬衣服的陽光味與草本藥材香，而媽閣廟傳來信眾祈願的香燭味又與榕樹的自然生氣混合，像是盛載了祈願祝福的意境。這番舊日漁村生活的氣味情懷，在今時今日高樓林立、工程處處的澳門本島已不常見。而這正是受惠於樹木巷本身不顯眼的位置，由於位處媽閣廟後方，若非刻意走入一探究竟，很多時候路人只會從媽閣上街走過，不一定留意到內裡還有這樣一條清幽的小巷。

穿越古今的文旅味

近年澳門特區政府致力活化舊區，拓展藝文展覽場地，把媽閣上街昔日的嘉路士一世船塢機械室（即原政府船塢的機械部）打造成澳門當代藝術中心・海事工房 1 號和 2 號。2023 年 9 月，一間綜合度假村宣佈加入「媽閣塘區活化計劃」[11]，期望引入多元生活消費圈。在人流帶動下，咖啡店的進駐與工程的展開，把樹木巷的氣味景觀重新變調，為寧靜的小巷帶來了另一種生機與活力，添上了一份藝文氣息（圖 3.4.6）。因此，從巷口走到巷尾，期間所感受到的氣味景觀，像是把人們由昔日寧靜的媽閣漁村風貌帶入到澳門當代文化旅遊經濟的新氣象。

---

11 澳門特區政府於 2022 年底與六大博企（永利澳門、美高梅中國、澳博控股、銀河娛樂、金沙中國及新濠國際發展）續牌十年，合約要求博企加大非博彩項目投資，列明若博彩毛收入超過 1800 億元，博企需要對非博彩項目總投資額增加 2 成。2023 年在政府主導下，六大博企分別肩負起六個歷史片區的活化工作（荔枝碗船廠片區、大炮台花園、媽閣塘片區、益隆炮竹廠、龍環葡韻、新馬路片區及福隆新街步行區），其中媽閣塘片區由美高梅中國負責。

圖 3.4.6：樹木巷對面的「媽閣塘區活化計劃」區域

§4　地道街市的人情味：從日常市井生活聞起

氣味，在街市中佔有相當重要的份量，卻鮮少在港澳論述中被提及。街市氣味與販賣的貨品自然有直接的關係，但也離不開環境衛生清潔的參與，更能反映一個城市的社區文化以及集體回憶。《城市氣味景觀》作者維多利亞·亨肖談及城市日常氣味來源時，指出一個城市的飲食文化與街市規劃，在在影響到一個城市的氣味景觀。這關乎環境空間設計、油煙排放政策、地方創生與都市規劃等。街市的氣味是居民日常生活最常接觸到的城市氣味景觀，亦是建構社群集體記憶與個人情感聯繫的重要元素。

過往關於港澳街市的研究，比較集中於歷史發展以及建築設計的討論。例如《澳門街市》是從城市發展史的角度，簡述澳門街市自開埠以來的歷史脈絡。[12] 而《澳門街市建築：1750–1950》則從建築的角度，論述澳門街市的興建、遷拆、重建等過程，並展示不同年代的歷史圖片及街市建築設計圖。[13] 此外也有學者透過對攤檔檔主的訪談，用口述歷史的方式去記錄澳門早期的街頭飲食文化。[14]

反觀香港街市研究，同樣多從街市建築史的角度切入。嶺南大學歷史系學者在《香港街市：日常建築裏的城市脈絡（1842–1981）》中剖析了香港街市當中的建築美學、檔位設計、衛生管制，以至香港社會不同時期的政治及經濟脈絡。[15] 而香港理工大學設計學院學者在《我是街道觀察員：花園街的文化地景》一書中，從排檔展示設計角

12　葉農：《澳門知識叢書 —— 澳門街市》，香港：三聯書店（香港）有限公司，2016 年。

13　勞加裕、呂澤強：《澳門街市建築：1750–1950》，澳門：遺產學會，2019 年。

14　林發欽主編：《推不走的回憶：澳門街頭小販口述歷史》，桂林：廣西師範大學出版社，2020 年。

15　徐頌雯：《香港街市：日常建築裏的城市脈絡（1842–1981）》，香港：香港中文大學出版社，2022 年。

度，探討街道生態與社區關係等議題。[16] 可見從街市不止能看出其興建年代的建築風格，同時也能一窺一個時代社會的民生百態。

跨代的街市人情味

要認識一個城市最地道的特色，感受最市井的氣味，走訪當地的街市絕對是不二之選。不過隨著澳門的城市發展及新一代居住形態的轉變，現今的外食外賣文化變得相當普及，街市在日常生活中的重要性有所下降。而連鎖超級市場提供乾淨整齊的購物環境及會員積分優惠，並且營業至晚上，更能吸引早出晚歸且追求便利的城市人。

然而，對於追求新鮮食材、喜歡議價、偏好光顧相熟店舖的人士來說，到街市買菜是日常生活不可或缺的一部分。逛街市不單是為了買菜，更多是為了聯誼，尤其是在澳門這個鄰里關係密切的地方，有些攤檔主與街坊建立了一輩子的情誼，有些關係甚至跨越了幾代人，熟客的兒女長大成家立室以後依然持續光顧。人們在街市遇到老街坊或親朋戚友，必會閒話家常互相問候。因此，街市可算是最體現澳門人情味的一個地方。一些顧客就算早已遷往另一區居住，有時也會專程回到特定街市找相熟的檔主。甚至給檔主打一個電話，對方就可以幫忙預留新鮮食材，價錢還可以「計平啲」（便宜些）。遇到相熟的客人，瓜菜攤檔會搭多條蔥（送蔥），售賣肉類或海鮮的檔主甚至幫忙去皮、刮鱗、斬件、攪碎等，尤其對付講求新鮮又多處理工序的食材，真的是買得放心又省下不少工夫。這些不是通過劃一標準工序處理食材的超級市場可比的。

在街市裡，不同檔主有不同的入貨門路和揀貨方式，也懂得因應客人的需要給出不同的建議，例如煮什麼餸用什麼食材、煲什麼湯又適宜用豬肉哪一個部位等等。從蒸炒煮炸不同烹調的方式，延伸到適合怎樣不同的材料，顧客之間也會互相搭訕分享。因此，街市這種集買菜與聯誼於一身的社區生活模式，確實是超級市場及網購送

---

16 郭斯恆：《我是街道觀察員：花園街的文化地景》，香港：三聯書店（香港）有限公司，2017 年。

貨這些講求標準化及快捷便利的平台難以取代的。其背後濃濃的地道人情味，亦是街市至今仍然保留其獨有魅力的原因。尤其是對於老一輩的居民來說，去街市就如見老朋友一樣，有時甚至沒有什麼特別要買的，每朝早也要到街市逛一逛。街市買餸因而被視為一種最貼地（接地氣）的生活方式，就如偶爾有媒體報道香港藝人周潤發在九龍城街市被市民「野生捕獲」（意指在街上偶遇名人）的消息，又比如過往一些高官政要到訪或政治人物競選，也會透過逛街市表現親民的一面，並以此了解民生實際情況。

澳門地道街市的氣息

澳門本島連同氹仔及路環，目前共有九間公共街市，分別是紅街市、沙梨頭街市、下環街市、祐漢街市、雀仔園街市、台山街市、營地街市、氹仔街市、路環街市。部分街市設有熟食中心或美食廣場，其中營地街市、台山街市、下環街市更發展為市政綜合大樓，內設有社區活動中心以及花園平台等設施。下環街市甚至設有圖書館供市民借閱圖書。而祐漢街市連同毗鄰的小販大樓以及周邊小販區、市政公園、停車場、活動中心等，被統稱為祐漢市政綜合體。

每間街市所在的區域位置、建築物空間設計、販賣貨品的佈局、周邊攤檔的類型、社區消費模式等各異，造就了各自不同的氣味景觀特色。例如，市民若想買海鮮，一定首選沙梨頭街市，因為靠近內港，漁獲海產比較集中，因而魚腥味比其他街市濃烈；若想買參茸海味，可能會到營地街市，因為周邊有很多老字號的參茸海味舖以及藥材舖等；若想貨品選擇多，一定到紅街市，因為其周邊有水果檔、臘肉舖、乾貨店等，而且鄰近三盞燈及義字街，最適合需要一次購買多種不同類型貨品的人，故此那一區的氣味景觀亦較為豐富。可想而知，就算同樣販賣肉類、水產、蔬菜、水果的街市，其氣味景觀也會因各自的特色而有所差異。透過街市及其周邊的氣味景觀，可窺探到眼所看不見的另一番城市民生風貌。

接下來，筆者與研究團隊將走訪位處世遺歷史城區的營地街市、建於水上的沙梨頭街市、成為大型市政綜合體的祐漢街市，還有紅街市及毗鄰的義字街、三盞燈，嘗試尋找澳門地道的街市人情味。

4.1 世遺歷史城區的街市 —— 營地街市

時間：2024 年 5 月 6 日（下午）　　**天氣**：陰天
　　　　2024 年 9 月 10 日（下午）　　晴天
地點：營地街市（Mercado de S. Domingos）
堂區：大堂區　　**統計區**：中區
記錄：鍾惠惠、黎美琪　　**整理**：黎美琪

I. 街區背景：

營地街市可算是澳門最早期的街市之一，由於靠近板樟堂及大三巴，澳門開埠初期這一帶已經是攤檔集中地，其後慢慢形成市集。文獻資料顯示，1789 年已有關於營地市集（Bazar de S.Domingos）的記載，後來經歷大火重建，慢慢形成街市的雛形。50 年代時這裡曾經是澳門最大的街市，又稱為中央街市。經歷多次原址拆除與重建，營地街市才慢慢建成今天的模樣（圖 4.1.1、圖 4.1.2）。現時營地街市市政綜合大樓主要有五層：地下層販賣海鮮、雞蛋、鮮花、

圖 4.1.1：營地街市市政綜合大樓毗鄰世遺歷史城區，周邊有玫瑰堂、板樟堂前地、議事亭前地、仁慈堂等

圖 4.1：營地街市外的「婆仔衫」攤檔

20
25
30
20

圖 4.1.2：街市毗鄰玫瑰堂與議事亭前地

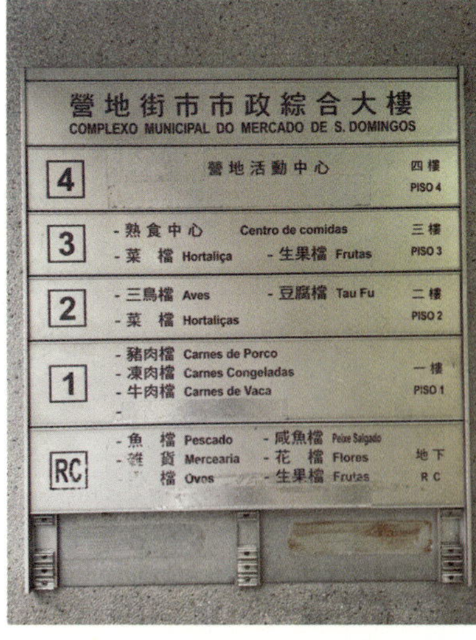

圖 4.1.3：營地街市市政綜合大樓樓層圖

圖 4.1.4：營地街市中庭的扶手電梯

水果、雜貨等；一樓主要販賣肉類；二樓販賣蔬菜、豆腐等；三樓是熟食中心；四樓是活動中心（圖 4.1.3）。扶手電梯設於整座樓的中間位置，每層分為左右兩邊（圖 4.1.4）。由於營地街市是澳門距離旅遊區最近的一個街市，靠近新馬路及南灣商業辦公地段，其熟食中心價格又較周邊餐廳實惠，因此除了上班一族以外，不少遊客也會慕名前來光顧。

II. 氣味發現：

營地街市外圍主要是販賣「婆仔衫」的攤檔，湊近會聞到一點點工廠成衣的氣味（圖 4.1.5）。街市門口泊滿了一排排的電單車，隱約

圖 4.1.5：經過營地街市外圍的攤檔會聞到成衣味

圖 4.1.6：地下層的海鮮魚腥味主導了整個營地街市入口的嗅覺感官

圖 4.1.7：肉檔下午疏疏落落擺放著鮮肉，豬肉腥味不太重

聞到到一陣陣汽油廢氣味。營地街市地下層主要是海鮮檔及魚檔，雖然時值下午，只有為數不多的魚檔在營業，魚腥味不算濃烈，但除了街市外圍的汽油味，這陣陣魚腥味可算是踏進營地街市第一道最搶佔嗅覺感官的氣味（圖 4.1.6），幾乎蓋過了同層海味雜貨攤的鹹香味。沿扶手電梯上到一樓，這一層以販賣肉類為主，下午大部分肉檔並未營業，剩下疏落的一兩檔還在擺賣，生豬肉的腥味並不明顯（圖 4.1.7）。蔬菜檔附近則是濕冷的氣味，不同蔬菜瓜果的氣味混雜在一起（圖 4.1.8）。而同一層還有幾處鮮花檔，令人意外的是花香味沒有很明顯。上到三樓熟食中心，雖然下午人流較少，但

圖 4.1.8：營地街市蔬菜檔的氣味濕冷

圖 4.1.9：三樓熟食中心正在準備晚市，餸菜味漸濃

已經有幾個檔口正在為晚市做準備，鑊氣十足，香噴噴的餸菜味及牛雜味飄散在空氣中（圖 4.1.9）。

III. 氣味景觀：

幽幽淡淡的街市味

由於營地街市位處旅遊區，對比起其他民生區的街市，人流相對較少，街市該有的氣味在這裡都能聞到，但整體氣味景觀始終比較平淡。由於大樓扶手電梯設計似商場，樓層被扶手電梯從中分隔，同一樓層左右兩邊的氣味各自分散，這使得營地街市的氣味景觀相對不太混雜。隨著先後到訪不同的區域，氣味體驗按次序轉換，跟在其他將電梯設於樓層兩端的街市動線不同。

街市內外的平行時空

營地街市靠近議事亭前地及板樟堂旅遊區繁忙地段，毗鄰玫瑰堂等世遺景點，街市周邊總是有很多遊人及車輛穿梭經過，大樓外圍亦有很多成衣攤檔，故此營地街市的氣味景觀其實是從議事亭前地及營地大街開始。無論是從熙來攘往的議事亭前地，抑或車水馬龍的營地大街走進來，都像瞬間進入了另一個世界。尤其是地下層的魚腥味，讓人瞬間切換場景，意識來到了充滿鮮活氣息的街市。對比起街市外那種人車來往的混雜氣味，這裡猶如平行時空。

4.2 水上街市的日與夜 —— 沙梨頭街市

時間：2024 年 5 月 6 日（傍晚）　**天氣**：陰天
2024 年 10 月 2 日（上午）　晴天
地點：沙梨頭街市（Mercado do Patane）
堂區：花王堂區　**統計區**：沙梨頭及大三巴區
記錄：鍾惠惠、黎美琪　**整理**：黎美琪

I. 街區背景：

沙梨頭街市，故名思義位於沙梨頭區（圖 4.2.1）。由於其位處 60 年代的填海區域，沙梨頭街市就像建在水面上，街坊因而稱之為水上街市。由於靠近海港，這裡比起其他街市有更多海鮮攤檔，水產種類繁多，常常吸引購買海鮮的人士專程前往。沙梨頭街市前身是位於十月初五街的南京街市，後改為工人康樂館，1976 年才遷址於此。因地處低窪地帶，沙梨頭區經常有水浸，當中以 2017 年天鴿颱風侵襲損害最為嚴重，曾一度影響臨時沙梨頭街市的營業。經歷多番遷拆重建，現時的沙梨頭街市市政綜合大樓於 2017 年建成，共有九層，地下層主要是海鮮水產，一樓則售賣豬牛肉類、冰鮮

圖 4.2.1：沙梨頭街市對出位置就是內港，左右兩旁有漁船碼頭

圖 4.2.2：沙梨頭街市附近會聞到海味店鹹香味、電單車汽油味

圖 4.2：沙梨頭街市坐擁無敵海景

圖 4.2.3：走近沙梨頭街市門口，聞到滿滿的魚腥味，掩蓋了門前花檔的鮮花氣味

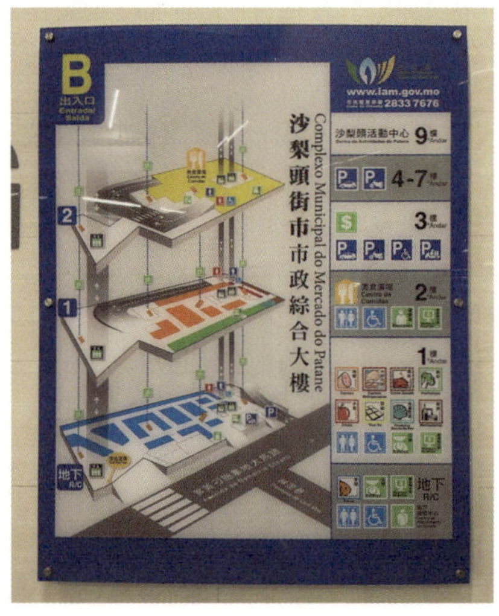

圖 4.2.4：沙梨頭街市市政綜合大樓樓層圖

雞、蔬菜、水果、雜貨等，對出有一個非常寬闊的平台。由於街市靠近漁船碼頭，從平台向外望，可以遠眺灣仔，近處可見許多漁船並排停靠在岸邊。而二樓是新開設的美食廣場，坐擁無敵海景。其餘樓層則為停車場以及活動中心。街市周邊街道有臨時花檔、海味雜貨店、海鮮水產批發店、貨倉碼頭以及維修車行等（圖 4.2.2–圖 4.2.4）。

II. 氣味發現：

在面向沙梨頭街市，靠近交通燈的位置，能聞到一股鹹魚味由街市對面的海味雜貨店傳來。第一次到訪沙梨頭街市時近傍晚，所有檔攤早已結束營業，只有拿著高壓水槍在洗刷地板的清潔工，洗潔精和消毒水的氣味充斥著街市各個樓層。彼時正值伏季休漁期，踏入街市一樓露天平台就看見毗鄰碼頭泊滿了漁船，在航道較為狹窄的內港，場面可算是非常壯觀。迎面而來的是從內港隨著海風吹來的一種夾雜海水與魚腥的氣味，姑且稱之為海腥味。

第二次到訪沙梨頭街市，正值秋涼，雖然是國慶假日，本地居民大多外遊，但這裡人流依然暢旺，與此前晚上到訪的情境大不相同，這亦是街市最為人所熟悉、最有朝氣的模樣。特別是售賣海鮮水產的地下層，整層被濃濃的魚腥味所覆蓋，勝過澳門任何其他街市。亦正是這濃厚的魚腥味告訴人們，要買最新鮮、種類最齊全的水產，非到沙梨頭街市不可。有時魚檔老闆刮魚鱗刮得起勁，魚鱗甚至會飛濺到客人身上。雖然整個地下層都被魚腥味覆蓋，仔細分辨還是能聞出差別，即場劏鮮魚的攤檔魚腥味一定最重，售賣貝殼類的攤檔水流不斷，周邊反而有種清涼感。相比之下，一樓的鮮肉攤檔就冷清得多，再加上冰鮮雞的的氣味，就像把剛才地下層的腥味冷卻凍結。再往二樓的美食廣場，由於攤檔及人流不多，整體氣味景觀瞬間淡下來，加上玻璃外牆對著一片無敵海景，反差頗大，絕對是鮮魚市場裡可供片刻安靜、歇腳休息的好地方（圖 4.2.5–圖 4.2.8）。

圖 4.2.5：早上街市裡處處飄散著濃重的魚腥味

圖 4.2.6：傍晚街市充滿清潔劑與消毒水的氣味

圖 4.2.7：街市一樓平台，隨風而來海水鹹腥氣味，漁船並排靠岸

圖 4.2.8：從街市美食廣場遠眺珠海灣仔風景，背後傳來的是日本章魚燒的氣味

III. 氣味景觀：

漁獲滿盈的氣息

沙梨頭街市因為靠近漁船碼頭，街市的氣味景觀與周邊的氣味混為一體。還未踏入街市之先，嗅覺感官先後體驗到汽油及廢氣味、海風及鹹魚味。而沙梨頭街市的日與夜，像其他街市一樣，有著截然不同的氣味景觀。第一次到訪時近傍晚，似乎不是到訪街市好時機，但正因為如此，反而聞到街市的另一道氣味景觀，即清潔消毒的氣味，好像經歷完一場全面清洗一樣。早上街市的氣味景觀則充分符合摩肩接踵、漁獲滿盈的情境，雖然飄散著濃重的魚腥味，但也充滿熱鬧的人氣，與傍晚冰冷的消毒味形成截然不同的感覺。

街市氣味的日與夜

一個街市日夜不同的氣味景觀，熱熱鬧鬧與冷冷清清、魚腥肉腥味與消毒清潔味的對比，反映了街市在城市生活裡大多只佔據早場時間。街市是彙聚老人家、家庭主婦、外勞傭工、餐飲店員工的樞紐，這些年齡、職業、種族、喜好都不大一樣的人士，為著新鮮食材共聚一起，這也是一種典型的城市生活形態。這一情形與香港的中環有相似之處，平日是金融精英白領的天地，週末就變成了「小菲律賓」，很多來自菲律賓或其他東南亞國家的家庭傭工在此濟濟一堂，與同鄉歡聚休息。這種公共場域裡人群循環輪替的現象，成了一道有趣的人文風景線，反映了社會特殊又複雜的經濟及文化構成。而沙梨頭街市新開的美食廣場營業時間到晚上十點，似打算將這個熱鬧的街市早場延伸成深宵食堂。盼望這美食廣場能像早場一樣，慢慢聚集人氣鑊氣，打造另一道美味的氣味景觀，這才不會浪費眼前美好的海港風景。

4.3 五味雜陳的街市內外 —— 祐漢街市

時間：2024 年 5 月 5 日（下午）
　　　2024 年 10 月 2 日（上午）
天氣：雨後
　　　晴天、大風
地點：祐漢街市（Mercado do Bairro Iao Hon）
堂區：花地瑪堂區
統計區：黑沙環及祐漢區
記錄：鍾惠惠、黎美琪
整理：黎美琪

I. 街區背景：

祐漢街市，相對其他街市歷史較短，於 1994 年才建成。祐漢街市與祐漢小販大樓兩棟大廈相互連通，與周邊的鮮花攤檔、祐漢公園、兒童遊樂場等統稱為祐漢市政綜合體（圖 4.3.1）。街市鄰近的祐漢新村，是建於 70 年代的澳門首個大型私人屋苑。當時的祐漢區仍分佈著菜地、木屋及馬場，由祐漢街市鄰近的街道名稱，仍可看出這些舊日痕跡，例如菜園路、馬場海邊馬路、看台街、市場街等。到了 80 年代，由於澳葡政府開放新移民政策，大批內地新移民湧入，他們大多居住在生活成本較為低廉的祐漢區。隨著年月過去，祐漢新村的樓齡已超過五十年，澳門特區政府 2024 年推出祐漢新村都市更新項目先導規劃。姑勿論最終進展如何，祐漢區至今依然是人口密集、車水馬龍的地方，物價對比起澳門其他民生區域仍然較為實惠。

圖 4.3.1：祐漢街市，連同祐漢小販大樓、祐漢公園、小販區等，統稱為祐漢市政綜合體

圖 4.3：祐漢街市

祐漢街市
MERCADO MUNICIPAL
DO
BAIRRO IAO HON

圖 4.3.2：祐漢街市分層平面圖

祐漢街市對出的祐漢公園經常舉辦社區宣傳活動，設有遊戲攤位以及文藝表演，為該區重要的文娛康樂場所。祐漢街市歷史雖短，卻見證著澳門城市的發展，至今仍然人流暢旺，尤其午飯時段的熟食中心，猶如社區飯堂。祐漢街市連同周邊的祐漢公園及小販檔攤，可稱為平民街市，是觀察澳門市井生活的最佳地方。現時祐漢街市主要在地下層販賣水產、鮮花、雜貨，一樓是蔬菜及豆製品，二樓是肉類及家禽冰鮮肉等（圖 4.3.2）。而毗鄰的祐漢小販大樓內則有成衣檔攤、熟食中心、社區活動中心，還有小型戶外休憩區。

II. 氣味發現：

一踏入祐漢街市地下層，便會聞到陣陣魚腥味，就如其他賣海鮮水產的街市一樣。然而，由於同層有一些乾貨檔攤擺賣著臘腸、鹹魚、乾貝，鹹香與魚腥氣味交織。與此同時，頭頂風扇嗡嗡的聲音、海鮮攤檔水泵的聲音、買菜手推車滾輪滾過地面的聲音，此起彼落共奏著。由於整個祐漢街市呈方形，一樓販賣蔬菜及豆腐的檔攤圍著方形排列。雖然各種的瓜菜與豆製品整體氣味清涼，但由於一樓與地下層空間貫穿相通，地下層的魚腥味也會飄到一樓。再往上的二樓，雖然也是沿著方形路線而走，但感覺上通道明顯比一

圖 4.3.3：祐漢街市地下層主要是魚腥味以及海味攤檔鹹香味

圖 4.3.4：祐漢街市一樓蔬菜檔攤氣味清涼

圖 4.3.5：一樓與地下層貫穿相通，地下層的魚腥味也會傳到一樓

圖 4.3.6：到訪當日肉檔休息，沒有太重的肉腥味，取而代之是清潔消毒的氣味

圖 4.3.7：祐漢街市有戶外兒童遊樂場、小食店、活動中心，到訪當日正值假期，沒有什麼人潮，暖暖的陽光氣息與街市內的濕冷味形成強烈對比

樓寬敞許多，以販賣肉類及冰鮮雞為主。第二次到訪時正值國慶假期休息，工人正在清潔，聞到清潔消毒涼涼的氣味（圖 4.3.3- 圖 4.3.7）。

走回地下層，在祐漢街市通往祐漢小販大樓的走道上，首先撲鼻而來的是一陣陣鮮花的氣味，左右兩側的攤檔擺滿鮮花（圖 4.3.8）。踏入祐漢小販大樓的地下層，聞到的是一種獨屬於成衣批發的氣味，連續數間小店都在擺賣平價童裝及女士休閒服飾（圖 4.3.9）。從祐漢小販大樓地下層沿扶手電梯而上，先經過一樓的活動中心，

圖 4.3.8：祐漢街市通往祐漢小販大樓的走道上，左右兩側鮮花檔飄來陣陣花香

圖 4.3.9：祐漢小販大樓地下層是成衣批發獨有的氣味

圖 4.3.10：祐漢小販大樓熟食中心正午時段人氣與鑊氣滿滿

圖 4.3.11：祐漢小販大樓外的祐漢公園

繼而就進到人氣與鑊氣滿滿的二樓及三樓的熟食中心（圖 4.3.10）。這裡是澳門面積最大的街市熟食中心。時值正午，雖然是公眾假期，人潮不絕，兩個樓層都近乎滿座，有些熟食攤檔還排起長隊。炒菜味、咖喱味、油炸味、汗味此起彼落，食客們有些低頭看手機，有些圍坐談笑風生，似乎絲毫未受到這氣味大雜燴的影響，想必是美食的滋味早已烙印心頭。

走到祐漢小販大樓外的祐漢公園（圖 4.3.11），兒童遊樂場裡歡笑聲不斷，若貼近地面嗅聞，遊樂場的地墊在烈陽暴曬下散發出淡淡的塑膠味。在祐漢街市對面的永康街路口，有一間老式餅店，正值糕點出爐，蒸籠冒出熱氣騰騰的煙霧與新鮮糕點的蛋香味彼此呼應著。沿著永康街走到黑沙環第五街，瞬間聞到夾雜著紙皮、塑膠、灰塵的工廠氣味。工業大廈的速遞店門前擺放著一堆紙皮箱正等待送遞，轉角位有一座土地公，周邊瀰漫著燒香的氣味。

從祐漢街市往西邊走，就會來到祐漢新村第二街小販區，這是另一個氣味雜陳的區域。這邊靠近巴士總站，瀰漫著揮之不去的車輛汽油廢氣味，令人只想急步而過。但希望卻在轉角處出現，沒走多少步，便聞到麵包的芳香，原來有兩間連鎖餅店分處十字路口對角。

圖 4.3.12：祐漢新村第二街小販區街角，麵包蛋糕香與香燭衣紙的氣味交織

圖 4.3.13：水果攤檔的榴槤味與鄰近熟食攤檔的氣味混在一起

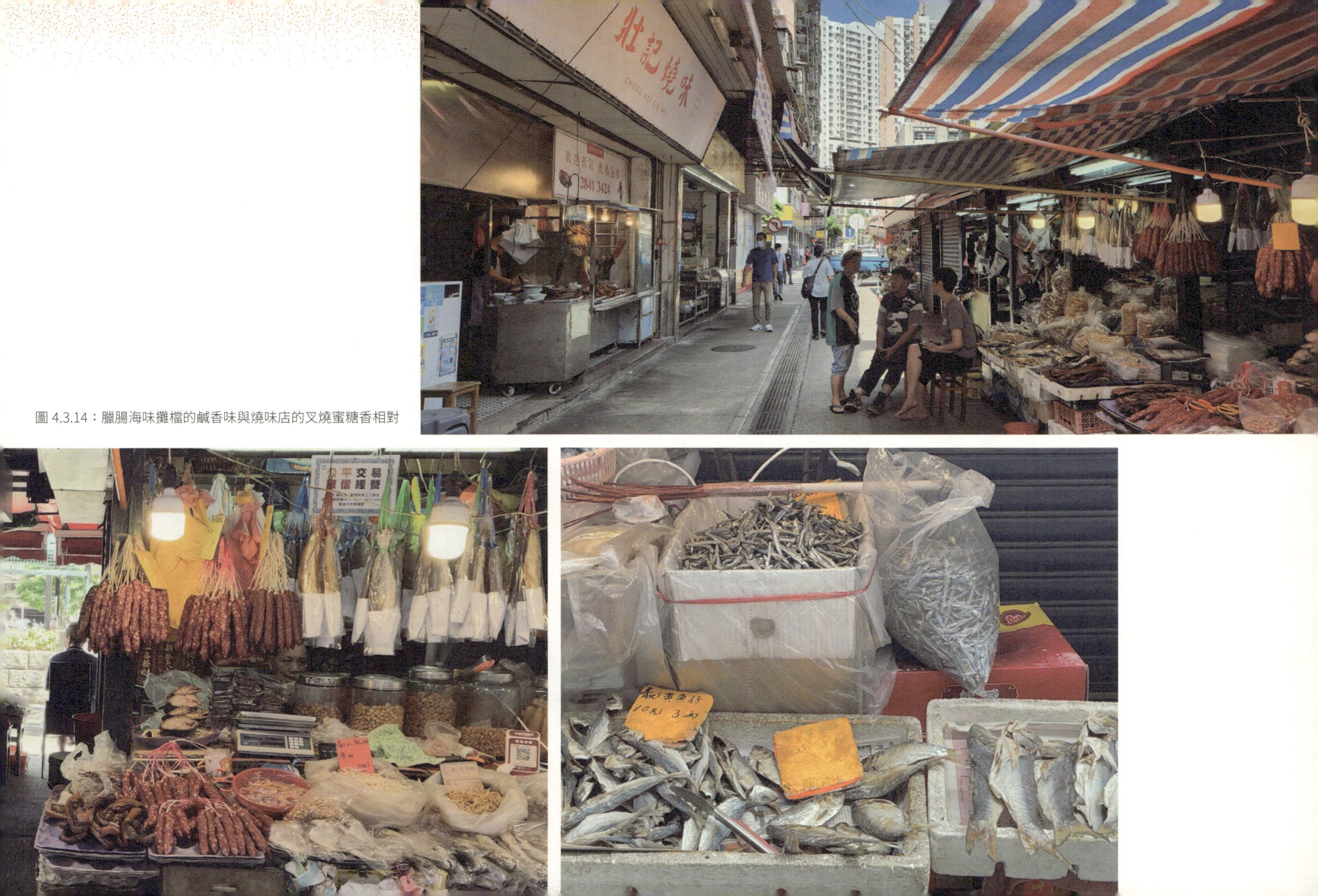

圖 4.3.14：臘腸海味攤檔的鹹香味與燒味店的叉燒蜜糖香相對

最有趣的是，走過充滿麵包芳香的餅店，迎面而來的是香燭與紙錢的氣味（圖 4.3.12）。這個街口亦是祐漢第二街小販區的起點，繼續往前走，看見一間燒味店，聞到的卻不是香噴噴的燒肉叉燒味，反而是很濃郁的榴槤味。原來是旁邊水果攤檔擺放著一堆大大個的榴槤，散發著濃郁香甜的榴槤味。繼續往前走，就聞到又鹹又腥的氣味，真是嗅覺衝擊連連，一梳梳臘腸與一條條鹹魚乾映入眼簾，路過必定會聞到這種介乎鹹香與鹹腥的氣味。然後，突然氣味一沉，切換成製衣廠的成衣氣味，眼前的檔攤掛滿了大大小小的平價童裝、女裝，以及塑膠味甚濃的皮鞋、拖鞋。在小販攤檔另一側，是祐漢新村老舊的吉祥樓及順利樓，大廈樓梯角落滿佈雜亂的鐵皮信箱及舊水管，盡是歲月滄桑的痕跡與氣息。經過了重重的氣味衝擊，最終又迎來一陣陣甜甜的麵包香味，原來是一間老式麵包店。而旁邊的休憩區，地上晾曬的一堆果皮有序攤開，走近時聞到絲絲果皮香，可算是為這趟氣味漫步畫上一個甜美的句號（圖 4.3.13– 圖 4.3.16）。

III. 氣味景觀：

嗅覺體驗三文治

由於建築設計以及周邊市政綜合體的配套，整個祐漢街市的氣味景觀從內到外、從下而上，橫向與縱向的切面都有非常豐富的層次。首先是祐漢街市本身，由於地下層樓頂與一樓貫穿互通，整體通風效果良好，感覺沒有太侷促，但亦正因為這樣，走在一樓的蔬菜及豆製品檔攤也能聞到地下層的魚腥味，當走到二樓又有鮮肉的腥味迎接。因此，從地下層一直走上二樓，嗅覺體驗有點像三文治，地下層及二樓分別是魚腥及肉腥的氣味，中間一樓的蔬菜樓層所散發的陰涼感起到間奏般的作用。由於祐漢街市與祐漢小販大樓是緊密連接的兩棟大樓，一棟充滿鮮活食材的氣味 ，另一棟散發地道美食的氣味，從街市走到小販大樓的氣味景觀，就好像經歷食材從準備到烹調上桌的過程一樣，中間還有鮮花的芳香作為點綴。由於連接兩棟大樓的通道兩側都擺滿鮮花檔攤，左右夾攻之下，祐漢街市的花香味比其他澳門街市來得明顯。

圖 4.3.15：祐漢新村老舊的樓梯，滿是歲月滄桑的痕跡與氣息

圖 4.3.16：休憩區地上晾曬的果皮散發絲絲香氣

民間智慧的包容

對比起祐漢街市內的規劃有序，祐漢街市周邊的氣味景觀顯然隨機得多，反而令人驚喜連連。尤其是從祐漢公園走到祐漢第二街小販區，感受到滿滿的地道生活氣息。熟食中心閒話家常的滿足讓人忽略氣味的雜陳，遊樂場的笑聲足以讓人忘卻地墊的塑膠味，公園地面晾曬的果皮與棉胎散發暖暖的陽光味，充分反映出真正貼地的民間智慧。祐漢第二街小販區榴槤味的叉燒，足以證明榴槤無愧於水果之王的名號，其濃烈的氣味也是無可匹敵。一間覆蓋著榴槤味的燒味店，光憑想像難以理解，需要親身體驗才能了解箇中滋味。這也是小販檔攤氣味景觀的隨機性所帶來的有趣。而香燭紙錢的氣味與麵包店出爐的蛋香味交疊出現，似突兀卻又合理非常，可謂集齊人神食糧所需。工業大廈轉角處的土地公瀰漫著香火，就像是為將要分散各地的速遞包裹添上一份庇佑。

生命力的氣息

或許，這些突兀的氣味搭配，對外人來說是一道奇特的氣味景觀，但對於祐漢居民來說，這些就是平日裡呼出吸進的生活氣息，融化在街坊鄰里的包容中。比起冷冰冰的連鎖超市氣息、貼滿招租海報的鐵鏽味與冷冷蕭蕭的攤檔味，祐漢街市與周邊街道的氣味景觀層次豐富，各式各樣的民生氣息此起彼伏，可以體驗到真正序中有亂、亂中有序的氣味雜燴，絕對是人氣鑊氣共融的一個地方。而延伸到整個祐漢區，這裡的氣味景觀由從前農地的氣味、舊木屋的氣息、馬場的馬糞泥土味、海風鹹腥味，演變為今天人來人往的市井煙火氣、快餐油煙味、速遞紙皮塑膠味、泥頭車與維修車行的汽油廢氣味等等，足證這一區生命力頑強非凡。

4.4　地道的跨代人情味 —— 紅街市、義字街、三盞燈

時間： 2024 年 9 月 5 日（上午）　**天氣：** 晴天
　　　2024 年 10 月 2 日（上午）　晴天
地點： 紅街市（Mercado Municipal Almirante Lacerda）
　　　義字街（Rua da Emenda）
　　　嘉路米耶圓形地 / 三盞燈（Rotunda de Carlos da Maia）
堂區： 花王堂區　**統計區：** 高士德及雅廉訪區、新橋區
記錄： 戴子欽、黎美琪　**整理：** 黎美琪

I. 街區背景：

紅街市、義字街、三盞燈，這三個地方同屬花王堂區，中間以道咩卑利士街及飛能便度街分隔，橫跨了兩個統計區（高士德及雅廉訪區、新橋區）。雖然如此，這三個地方之間只有一街之隔，街頭街尾，彼此相連（圖 4.4.1）。

紅街市，因其紅色磚牆而得名，官方名為提督街市，位處罅些喇提督大馬路（提督馬路）與高士德大馬路兩條繁忙交通幹道的交界。整個街市可分為三層。街市的最底層俗稱花園仔，其靠近罅些喇提督大馬路一側的地面主要販賣蔬菜、豆製品、海味雜貨等。花園仔

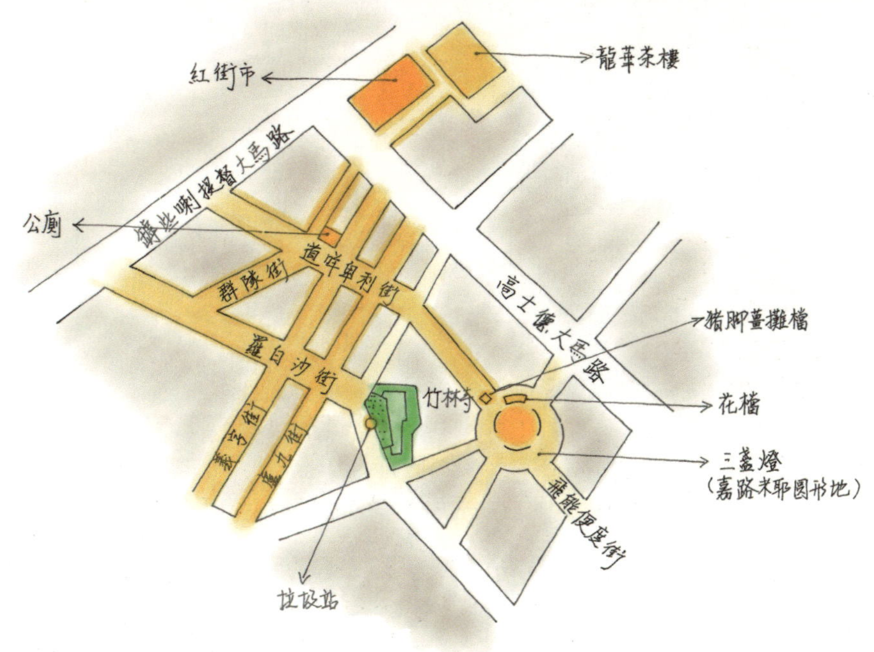

圖 4.4.1：紅街市、義字街、三盞燈這三個地方同屬花王堂區，彼此相連

與地下層之間僅有幾級樓梯的距離，故可視作同一層。從罅些喇提督市東街一側的門口沿樓梯而上，就能直達地下層，這層主要售賣魚類及貝殼等水產。再往上一層，則以販賣肉類為主。紅街市天台中央處有一鐘樓，並不對外開放。整座街市因其獨特的建築風格，被列為澳門文物建築。紅街市在 2017 年「天鴿」颱風吹襲後，地下層水浸，部分設施受損。由於紅街市受《文化遺產保護法》保護，整治工程從計劃到執行歷時多年，終在 2024 年遷回原址重新投入服務，現時約有一百二十個攤檔。至於街市外圍，罅些喇提督市東街一側是鮮花及水果檔攤，罅些喇提督市北街一側則有一間舊式廣東茶樓 —— 龍華茶樓（圖 4.4.2、圖 4.4.3）。

義字街，可算是澳門目前面積最大、人流最暢旺的小販攤檔區域。街道由高士德大馬路延伸到新橋區渡船街，縱向平行的有盧九街及群隊街，橫向穿過的有道咩卑利士街及羅白沙街。街坊將縱橫雙向的這五條街統稱為義字街區，有時也直呼為義字街，泛指由五條街組成的小販攤檔區域。這裡以往經常發生人車爭路，經過多年街道

圖 4.4：紅街市

圖 4.4.2：紅街市周邊有鮮花及水果檔攤，街角有舊式廣東茶樓

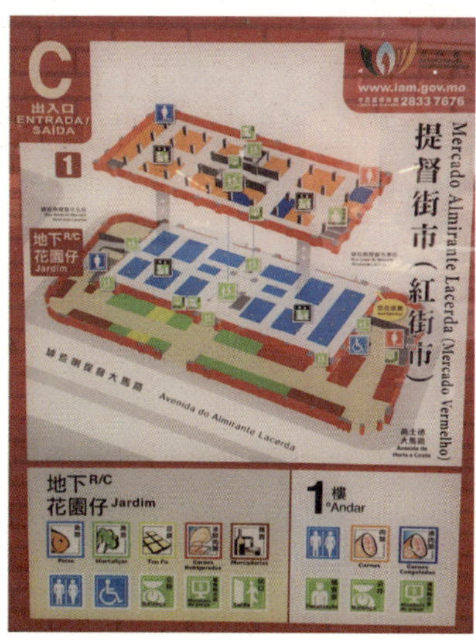

圖 4.4.3：紅街市樓層圖

重整以及攤檔優化規劃，自 2012 年起定為日間行人專區。這裡既有朝行晚拆的臨時攤檔，亦有固定街舖，主要是蔬菜、豆製品及水果檔攤，此外熟食燒味店、餅店、麵店、海味店、成衣店、鞋店、日用品店等亦應有盡有。其中一些商舖營業超過四十年，攤檔商販早與鄰近街坊建立了幾代的交情。義字街經由道咩卑利士街延伸到飛能便度街（俗稱生果街），再往前行抵嘉路米耶圓形地（俗稱三盞燈）。

三盞燈，顧名思義是指圓形地中央的燈柱上有三盞燈，雖然後來在燈柱頂端加建了一盞燈，街坊還是習慣稱這裡為三盞燈。由該圓形地輻射出五條街道，周邊是緬甸華僑及東南亞外勞聚居地，因此，這一帶有多間緬甸特色食店以及東南亞食材批發店。三盞燈連接生果街的入口處，除了水果及鮮花檔攤以外，還有進駐多年的馳名豬腳薑攤檔。

紅街市、義字街、三盞燈這三個地方由於靠近高士德民生區，附近有多間學校和銀行，竹林寺也在這裡。因此，該區生活機能滿滿，民生貨品一應俱全，也帶動了附近的茶餐廳、小食店、文具店、香燭祭品店等等。很多居民前往，圖其便利之餘，也因商品種類繁多，且格價相宜。很多家長或家傭接送小朋友上學時，又或上班下班途經時，都喜歡順道到這裡買餸買菜、添置日常生活用品。很多檔主在這裡經營了幾十年，與街坊鄰里早已成了幾代的朋友。有些街坊就算搬離了該區，在節假日也會專程前往買菜。因此，這裡日間人流絡繹不絕，擠滿了老街坊、家庭主婦、外勞傭工等等，放學時段更會見到一群群小學生經過，與夜間冷冷清清的街道，是兩種截然不同的模樣。

II. 氣味發現：

從繁忙的提督馬路踏入紅街市花園仔入口，氣味景觀由汽油味、灰塵味轉換到鹹魚鹹蝦的氣味。走過乾貨攤檔，旁邊的蔬菜及豆腐攤檔帶來一陣清涼的感覺（圖 4.4.4）。走到梯級處，聞到從地下層飄來的魚腥味，空氣中還隱約夾雜著一股驅風油氣味，原來有幾位老

圖 4.4.4：紅街市花園仔樓層的鹹魚鹹蝦氣味，蓋過了旁邊蔬菜豆腐攤檔清涼氣味

圖 4.4.5：從紅街市花園仔往上層走，是充滿魚腥味的魚檔及海鮮攤檔，偶爾夾雜了一陣陣驅風油味

人家正緩緩推著買菜車從身旁經過（圖 4.4.5）。沿梯級往地下層走，魚檔的檔主手起刀落在劏魚，強烈的魚腥味瞬間搶佔整個鼻腔。旁邊那些販賣貝類海產的攤檔，只有淡淡的清涼。當日天氣炎熱，經過行人聚集的地方，難免有一陣陣的汗臭味，此時又有不知哪裡飄來的一絲絲香水味點綴其中。繼續往一樓走，在樓梯間隱約聞到陣陣飯香，但紅街市只有鮮魚及鮮肉攤檔，並無熟食中心，或許是攤販正在準備午餐。上到一樓肉檔的位置，生豬肉的腥味充斥整個樓層，氣味氛圍較為單一，只是偶爾有驅風油的氣味擦鼻而過，不像地下層氣味混雜。從紅街市一樓走回地下層，在罅些喇提督市東街與北街交界的出口，甫踏出街市，一股花香就撲鼻而來，但瞬間又消失得無影無蹤（圖 4.4.6）。隨之而來的竟然是濃香的牛雜味，可是明明花檔旁邊的牛雜粥檔口早上空空如也，牌子上清楚標明下午才營業。環視一周，發現原來是花檔對面有一間小店正賣著牛雜小吃與粥粉麵飯，因而出現了覆蓋著牛雜味的花香。罅些喇提督市東街上有一排排水果攤檔，卻沒有如預期般聞到水果味，反而聞到路人的汗水味，期間有些年輕女士經過，身上散發淡淡的香水味，彷彿在水果味和汗味的錯摸反差之間形成了特殊的調和。

圖 4.4.6：紅街市門外的花檔瀰漫的不是花香味，卻是濃濃的牛雜味，眼前的牛雜檔明明正在休息，環顧四周才發現原來對面有一間熟食店正在賣牛雜

圖 4.5：義字街

金記雜貨
MERCEARIA E FRUTAS
KAM KEI

從高士德大馬路交界進入義字街，路口涼茶檔正在營業，但沒有聞到任何的中藥味，反而旁邊的蔘茸海味店散發著陣陣鹹香（圖4.4.7）。繼續前進，突然有一股濃烈的皮革味及橡膠味來襲，原來是舊式皮鞋店把貨物擺滿了店舖門口。而鞋店旁邊是一間現包現賣的雲吞餃子店（圖 4.4.8），此時熱氣上騰的蒸煮味與皮鞋的氣味交疊，毫不相干的氣味彼此相鄰，拼湊成一種很奇異的氣味。直至走到前方一間燒味店，陣陣讓人垂涎的燒烤焦香飄出，才讓人忘卻剛才皮革的臭味。然而，這種燒臘的焦香味又與對面豆腐檔的清涼感，形成一冷一熱的對比。義字街與道咩卑利士街的十字路口是人群最密集的區域，亦是各種氣味碰撞的地方（圖 4.4.9）。十字路口一側有一間開業四十多年的東南亞食材店，門前擺賣著馬拉盞，周邊還有香料攤檔。這一帶滲透著東南亞風情的椰香、辛辣、蝦膏的氣味。食材店對面還有一個榴槤攤檔，為這東南亞風味十足的街角更添上一份榴槤香。榴槤攤檔旁邊擺賣著蚊香。而最奇妙之處在於義字街與道咩卑利士街交匯的十字路口處有一間公廁，前面有一排賣水果及瓜菜的檔攤。使用公廁的市民在檔攤旁邊出入頻繁，雖然如此，公廁的氣味並不明顯，絲毫沒有影響前來買水果的人（圖 4.4.10）。往前幾步，在群隊街路口的攤檔後面，有一個小小的土地公神壇，若非專門探頭入內，絕不會知道義字街有這樣一座隱世土地公。就在此時，隱約聞到藥油味從身邊飄過，轉眼看到的卻是另一個燒味檔，誘人的燒臘香味足夠遮掩周邊檔攤一切的瓜菜味與水果味。有趣的是燒臘檔旁邊的店裡賣著元寶蠟燭香，兩種氣味交差實在奇妙（圖 4.4.11）。

繼續往羅白沙街方向走，又經歷一輪氣味更替，皮革、橡膠、海味、藥材、凍肉、滷味、成衣、雜貨等氣味此起彼落，只是出場序不同，各種氣味共存卻沒有任何一方被壓制，只要湊近嗅聞，各自的辨識度都很高（圖 4.4.12）。來到義字街與羅白沙街交界的十字路口，離遠已可以聞到撲鼻的糕點香，香氣來自街角那間營業了幾十年的小店，店內除了糕點蒸包，還賣生麵，可算是這街角的氣味標記之一（圖 4.4.13）。再往前走，四方八面的五味雜陳明顯減弱，也許是鼻子早已適應了義字街的混合氣味。接近渡船街交界，一陣陣香燭味撲面而來，來源是路旁的一座土地公神壇，差不多佔據了成

圖 4.4.7：涼茶檔沒有預期的中藥味，反而聞到旁邊蔘茸海味店傳來的鹹香

圖 4.4.8：皮鞋味與餃子蒸煮味彼此相鄰

圖 4.4.9：義字街與道咩卑利士街的十字路口，滿是東南亞香料氣味

圖 4.4.10：義字街公廁前擺賣著水果及瓜菜，雖然如此，公廁氣味沒有很濃烈，絲毫沒有影響前來買水果的人

圖 4.4.11：義字街公廁附近還有元寶蠟燭香及燒味香

衣店門口整條行人道（圖 4.4.14）。而土地公對面就是掛滿了香蕉的水果檔，周邊還不時傳來附近餐飲店飄出的咖喱味、油煙味、蒸包味等等。

從義字街折返，右轉往連勝馬路方向，遇見一個大型戶外垃圾收集站。原以為在小販區的垃圾收集站氣味一定奇臭無比，但當鼓起勇氣嘗試嗅聞，卻並沒有想像的惡臭。從垃圾收集站再往前走幾步，便來到始建於清末的竹林寺（圖 4.4.15）。踏入山門，彷彿穿越到另一個時空，義字街一帶的繁華紛擾，好像瞬間被拋諸腦後。寺內香燭氣味濃厚，看著那一縷縷的香火，配上眼前古樹婆娑，在陽光

圖 4.4.12：義字街不同攤檔貨品都散發各自獨特氣息，皮革味與成衣味帶來工廠的氣息，海味乾貨帶來漁港鹹香，彼此產生奇妙的碰撞

圖 4.4.13：義字街與羅白沙街的十字路口，糕點香與生麵味是這街角幾十年來的氣味標記

圖 4.4.14：成衣店前有一座土地公神壇，佔據了差不多整條行人道，造成那間成衣店獨有的香燭味

圖 4.4.15：竹林寺古樹婆娑，一縷縷的香火斷斷續續飄過，意境格外幽香迷人

圖 4.6：三盞燈

照射下更是迷人。寺內有一個中式小庭園，有些人坐在石椅上摺金銀紙元寶，有些人在閒話家常，自另有一番人文景象。離開竹林寺以後，往三盞燈圓形地走，聞到香燭衣紙味、東南亞香料味、炸雞味，便重投五味雜陳的街區氣味懷抱。

走到三盞燈生果街入口處，最先搶佔嗅覺感官的不是水果味，也不是周邊攤檔的鮮花味，反而是熱騰騰甜甜酸酸的豬腳薑氣味（圖 4.4.16）。那是相當有標誌性的氣味記號，小店開業幾十年，至今仍吸引不少街坊或遊客專程前往。沿著生果街直走，間或聞到陣陣橙香（圖 4.4.17），亦有縷縷成衣布料的氣味從周邊的成衣店及布料店滲出。相比之下，這裡不像義字街人頭湧湧，鄰近街坊中的老人家、小朋友、外籍家傭都喜歡在這裡聊聊天曬曬太陽，反倒多了一份閒適（圖 4.4.18）。

圖 4.4.16：甜甜酸酸的豬腳薑氣味是三盞燈標誌性的氣味記號，旁邊鮮花檔都飄散著豬腳薑的氣味

圖 4.4.17：沿著三盞燈生果街直走，間或聞到陣陣橙香

III. 氣味景觀：

紅街市、義字街、三盞燈的氣味景觀，與其他街市、小販區同樣五味雜陳，這原是可以預期的，但若仔細地邊走邊聞，又會發現各有特色，每次到訪總有驚喜。

融和共存的人情味

紅街市的氣味景觀，似乎充滿著矛盾與衝突，不同氣味彼此卻能微妙地融和共存。鹹香的海味乾貨與劏魚的鮮腥味，在這裡交織成一種生與死之間的氣味。在昔日還是小漁村的年代，捕魚業曾經是澳門社會主要的經濟支柱。到今天，縱使漁船不再像往昔頻繁出港，來自漁塘和海洋的生命，在城市登岸後也以別樣的方式延續，展現了捕魚業的另一種活潑的生機。花香與牛雜味的同場出現，或許顯得突兀非常，卻展現出居民對生活中美感與美食的雙重追求。藥油味與香水味，前者總是讓人想起老人家的身影，後者則令人聯想到衣香鬢影的年輕芳姿，兩種氣味同樣塗抹在身體上，都是緊貼肌膚散發的氣味，反映平日裡鮮有交集的人群，卻在這人流暢旺的紅街市奇妙地遇上。這種文化融合在澳門城市中無處不在，體現了多元文化的包容。街市獨有的魅力，沒有因為現今的外食及外賣文化而減退，至今依然吸引不同年齡層的人群，其背後是大家對新鮮食材的共同追求。商販與市民、老人家與年輕人、本地居民與外勞傭工，在這裡彼此交換烹調的心得，以至對生活及時事的看法，人與人之間得以近距離交流。更重要的是，這裡有澳門人所珍而重之的——人情味。

奇異又奇妙的碰撞

義字街的氣味景觀，充滿著隨機、即興、突發，體現出氣味的本質，但細心思考的話，這一切又不是偶然地拚湊在一起。凍肉味與燒爉味，既形成一冷一熱的對比，又是豬肉烹調的前世今生；水果味與元寶香各不相搭，卻是節日祭祀的最佳拍擋；涼茶檔的苦味與海味店的藥材味，算是傳統中醫文化的現代體現；土地公的香火味

圖 4.4.18：三盞燈生果街兩側店鋪有賣金魚的、配匙的、配衫鈕的，這裡的氣味景觀較義字街平淡

與成衣店的工廠味，體現出神明煙火與人間氣息在義字街相安無事且彼此守護……而榴槤味與蚊香味，入口食物的香氣與驅趕蚊蟲的香氣，看似風馬牛不相及，但原來這種突兀的組合背後有必然的理由：據說榴槤香特別容易招惹蚊蟲，這樣出於民間智慧的組合大概只會在小販區出現。若是在超級市場裡，貨品按類型井然有序地分區擺放，水果與蚊香自然是離得九丈遠的貨品，而在這充滿地道市井氣息的義字街，二者卻能親密地彼此相鄰。

假使氣味不像你預期

三盞燈的氣味景觀，處處存在視覺與嗅覺的錯摸：鮮花檔沒有預期的花香，迎來的反而是濃濃的豬腳薑氣味；生果街沒有預期的果香，聞到的反而是成衣味；垃圾站沒有預期的惡臭味，更明顯的反而是附近竹林寺的香燭味。還有一回到訪，聞到的明明是菠蘿蜜香，環顧四週眼前只有出爐蛋糕，後來才發現賣菠蘿蜜的攤檔在生果街另一邊的行人道上。這一切都讓人反思，在日常生活裡面，視覺造成先入為主的觀念，到底讓人們錯失了多少美好的發現？而嗅覺亦不像大眾刻板印象裡面認為的那麼不可靠，有時反而可以透露出眼所不能見的真相。俗語有云：「耳聽三分虛，眼見未為真」也有其道理，至少在三盞燈這裡真實地體現。反照之下，在社交媒體流量至上的今天，所有事物似乎分秒必爭，搶眼球之餘又要先聲奪人，有麝自然香的氣味景觀，可否為生活美學提供另一種可能？

以上種種氣味景觀，不僅反映了小販攤檔的多樣性，更展現了市井文化的包容性，亦是澳門社會人文風貌的一大特色。由於區域的街道又窄又短，以致各樣氣味共冶一爐。義字街既有固定街舖，亦有臨時流動攤檔，視乎售賣貨品種類的不同而產生不同的氣味景觀。有些店舖已經經營了幾十年，其散發的獨特氣味跨越數代，形成了一種集體嗅覺經驗。例如三盞燈的豬腳薑味以及義字街的東南亞香料味，已然成為街道的氣味標記，塑造著該區人們的共同回憶。相比之下，有些氣味景觀是季節性的，就像夏季組合有榴槤香與蚊香，農曆新年有賀年糖果瓜子、揮春貼紙、香燭鮮花的氣味組合。正是這種混雜性、隨機性與季節性，更顯出這一區市井活力與生機處處。商販與街坊建立了深厚的鄰里感情，人與人之間充滿親切感，反映了澳門幾代居民對傳統與現代、自然與人工、祭祀與民生、健康與美食的多元追求與融合。這些氣味景觀交織構成了澳門市井文化獨有的濃厚人情味。

細究之下，很難想像這一帶昔日是沙崗義塚，是窮苦平民的墳地。約在 1905 年至 1911 年間，澳葡政府整治沙崗村，將骨殖挖掘出來堆放在附近道觀中的竹林。其後，道觀改為禪院，亦即今日的竹林寺。當時，華商盧華紹（又稱第一代澳門賭王）協力發展這一帶，如今的盧九街就是以盧華紹的小名命名。由此可知，義字街的氣味景觀，從一百多年前無人問津的荒野寒氣，歷經物換星移、歲月流轉，現已變成熙來攘往街坊鄰里共同營造的濃厚人情味，可見澳門這塊土地承載了滿滿的福氣。

§5 多元匯聚的人氣：從休閒娛樂度假聞起

提到博彩娛樂，不知大家腦海浮現的是怎樣的景象？可能是古裝劇看到的魚蝦蟹骰寶這種民間賭博攤檔，衣衫襤褸的賭徒在街頭圍在一起聚賭的情境；可能是粵語長片時代過「梳打埠」博殺的常見橋段，螢幕上煙霧瀰漫的地下賭場以及白鴿票舖；也可能是 90 年代《賭神》電影音樂伴奏下周潤發飾演的型男賭神，梳上發光的油頭，自信滿滿在賭檯上與對手一決高下的樣子。博彩娛樂對於社會大眾而言，可能離不開聲色犬馬、紙醉金迷，又或是衣香鬢影、燈紅酒綠。

自從澳門於 2003 年開放賭牌，博彩專營權被打破，外資博彩企業進駐，將拉斯維加斯的經營模式引入澳門，博彩娛樂在社會大眾心目中的形象自此不再一樣。今天澳門的娛樂場與休閒度假村酒店聯合在一起，提供各適其適的商品與服務，滿足不同年齡層人士的需要。娛樂場可以是閒時逛街的好地方，因為有不少國際知名品牌在此開店；亦可能是情侶或朋友約會的聚腳點，那裡有眾多米芝蓮星級餐廳；又是一家大小度假的休閒勝地，貢多拉船、水上樂園、觀光纜車、摩天輪餐廳等設施應有盡有。當然，同步配套的還有吸引來自世界各地的商務人士，舉辦國際會議及貿易展覽的大型會議展覽中心。近年來，這些場館更成為澳門演藝之都的重要舞台，世界各地的歌星們紛紛來澳舉辦演唱會，往往一票難求。路氹金光大道上的傳統博彩娛樂，已發展為今日集休閒度假、娛樂體驗、會議展覽、文化創意等多個元素於一身的綜合度假休閒產業（Integrated Resorts and Leisure Industry），吸引眾多商人、旅客以及本地居民前往。

可想而知，這裡提供的感官體驗都極盡奢華又讓人刺激興奮，服務細緻周到又貼心舒適，以致視覺、聽覺、味覺、嗅覺、觸覺，甚至動感及體感，無不每分每秒爭取人們的注意。娛樂場藉著各式各樣的感官體驗，增加顧客的愉悅度、忠誠度以及打卡曝光率等等，期望最終在人流量、入住率、消費額、投資額度等方面帶來實質性的積極影響。在這種超級感官氛圍下，路氹金光大道的氣味體驗，可以說比起澳門任何一個角落都更濃烈，更刺激，更為旅客度身訂造。

5.1 從無到有的金光氣味 —— 路氹金光大道

時間：2024 年 5 月 3 日 下午　　**天氣**：陰天、雨後
地點：路氹連貫公路（Estrada do Istmo）
堂區：路氹填海區　　**統計區**：路氹填海區
記錄：唐彩寧、鍾惠惠　　**整理**：黎美琪

I. 街區背景：

從前，氹仔及路環是兩個獨立的離島，中間由一條路氹連貫公路連接（圖 5.1.1）。後來考慮到城市發展的土地需要，整個區域進行大規模填海，原來的公路海堤連帶周邊的濕地，變成了現今的路氹城。此地段原計劃用於興建新市鎮，後來因經濟原因遭到擱置。

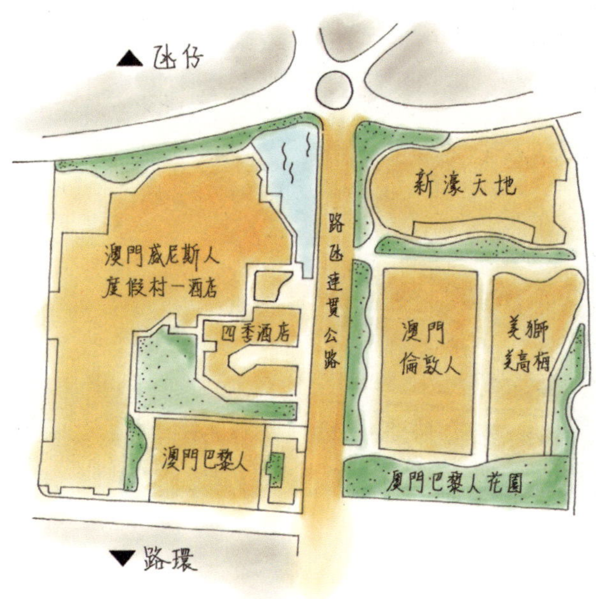

圖 5.1.1：路氹連貫公路貫穿氹仔及路環，公路兩旁綜合度假村、酒店、娛樂場林立，俗稱金光大道

圖 5.1：路氹連貫公路

VENETIAN

2002 年，路氹城的大片土地仍然荒置，而隨著澳門特區政府開放博彩業，外資星級品牌酒店陸續進駐。當時拉斯維加斯金沙集團率先在此興建威尼斯人酒店度假村，並於 2007 年夏天開幕，正式改寫了路氹城以至整個澳門的經濟、旅遊、人文面貌，翻轉了整個城市景觀。由於此地段被劃入一個名為「路氹金光大道」的重點發展項目，坊間將公路兩旁的地段直接稱呼為路氹金光大道。時至今天，區內已有二十多間酒店進駐，並有娛樂場及會議展覽中心等。

II. 氣味發現：

在路氹連貫公路通往新濠天地的行人路上，兩側的草叢散發著一種雨後的氣味，熙來攘往的路人身上夾雜了香煙味與體汗味（圖 5.1.2），使人覺得午後的空氣更為悶熱。甫踏進新濠天地西南入口，剛才悶熱的氣味馬上消失，全人隨即被濃濃的香水氛圍籠罩，原來化妝品及香水專櫃就在不遠處。這種極端的氣味反差，猶如瞬間切換平行時空。那時正值五一黃金週，專櫃旁臨時設有一個調酒吧檯（圖 5.1.3），上面擺放著幾瓶調好的果酒。調酒師正在吧檯切檸檬，湊近時聞到帶著果酸的清甜。調酒師手上搖著果酒，那道醇香的氣味，配上冰粒與調酒杯的碰撞聲，瞬間讓人忘記街道上的悶熱。繼續往前，就走進美妝護膚品的陣地，果酒的氣味早已散去，取而代之的是濃烈刺鼻的香水氣味（圖 5.1.4）。稍作停留，就感覺喉嚨不

圖 5.1.2：雨後的路氹金光大道，瀰漫著雨水味、汗水味、香煙味

圖 5.1.3：靠近調酒吧台時，聞到微微的果酒醇香

圖 5.1.4：美妝護膚品香水專區，眾多香水氣味混雜，濃烈又刺鼻

適快要咳嗽。直至走到前面一間嬰兒用品店時，一陣嬰兒爽身粉的溫和氣味從店飄出，才稍稍舒緩剛才嗆鼻的感覺。

離開新濠天地，沿路往倫敦人方向走，即使路上的塵埃已被雨水洗刷掉，發財車[17]、的士及巴士等各樣車輛在公路穿梭時，仍然帶來了不少廢氣味，與眼前亮麗的英倫風格建築以及綠化的行人道，顯得有點格格不入（圖 5.1.5）。

17　發財車是澳門酒店及娛樂場提供的免費接駁巴士的俗稱，專門接載遊客往來不同口岸、酒店及娛樂場。

圖 5.1.5：行人道旁有很多大型車輛穿梭，帶來了不少廢氣味，跟眼前的綠化行人道顯得有點格格不入

圖 5.1.6：工人剪草的草青味、花圃水池的池腥味、打卡人潮的香水味與汗水味混在一起

離開倫敦人再繼續往前走，漸漸走到較為空曠的地方，雨後清風帶著微弱的草青味，園丁正在花圃剪草，躲在花圃綠叢裡的音箱，正播放著輕快的音樂，好像讓這一帶的氣味更加輕盈芬芳。來到巴黎人的法式花園，面前是一片清新翠綠，泥草味濃郁。走到花園水池附近，聞到隱約的池腥味，這裡是網紅打卡區域，排隊的人正多，香水味與汗水味再次相遇，渾然天成（圖 5.1.6）。

圖 5.1.7：在華麗優雅的地標前，再次出現打卡人潮香水味與汗水味交織的氣味景觀

夜幕降臨，倫敦人門口停泊了幾輛豪華的勞斯萊斯，打卡的人潮在勞斯萊斯間往來穿梭。在華麗優雅的地標前，再次出現人潮的香水味與汗水味（圖 5.1.7）。走進倫敦人酒店大堂，迎來的又是與別不同的另一種芳香。

III. 氣味景觀：

無間的標誌性芳香

路氹金光大道上有六大綜合度假休閒企業，每一間自有其獨特的標誌性芳香（Signature Scent），當中以美獅美高梅使用的香氛最為濃烈。而就算同屬金沙中國有限公司旗下的威尼斯人、倫敦人、巴黎人，也各有不同的標誌性芳香。此外，每個國際酒店品牌都有母公司精心調製的專屬格調香氛，供全球的連鎖酒店及度假村共同使用。例如，來自美國的瑞吉酒店（The St. Regis）把紐約社交名媛芳香的概念轉化為品牌香氛，製作成香氛蠟燭、香氛噴霧、香氛擴散器等產品，讓顧客把酒店的嗅覺體驗帶回家延續下去；喜來登酒店（Sheraton Hotel）亦推出自家品牌的擴香器及膠囊香薰機等，主打雨後森林、泥土清香等大自然香調。除了各間酒店品牌的香氣，空氣中還彌漫著高級化妝品店、香水店以及名牌店的香氣，以及來自社會名流、企業高管、訪客等人身上的香水味。如果空間整體的氛圍香氛和室內通風設計得不好，有時甚至會讓人產生窒息的感覺。嗅覺感官有別於視覺感官：視覺景觀容許眼前同時存在多處亮點，這裡有鐵塔，那裡有大笨鐘，星光熠熠互相輝映；嗅覺景觀可不是這樣，當不同的休閒空間甚至每個客人都散發著各自標誌性的香水味，混雜的狀態使得氣味的標誌性不再，難以辨識。最後商家只能用愈來愈強烈的香氛去爭取人們嗅覺感官的領地。

從香臭難分到免費芳香

娛樂場內的氣味景觀更是混雜，雖然場內一般設有吸煙區、賭博區、餐飲區、賬房區等等，但是很多賭客身上總有一股難以驅散的煙草味和汗臭味，間或有藥油味、香水味等等，甚至還有不知哪裡來的尿騷味，混合成一種不能言喻的氣味。這裡真是芳香與悶臭共冶一爐的天地。自從疫情結束，恢復通關，娛樂場為了刺激人流推出了各式各樣的免費餐飲以招徠客人，加上有內地社交媒體小紅書上廣受關注的「0 元遊澳門」攻略加持，娛樂場的中庭餐飲區一度充滿各式料理的香氣，包括台式珍珠奶茶的奶香味、中式點心的鹹香味，再到爆穀的焦糖味、雪糕的雲尼拿味、葡撻的蛋香味、菠蘿包的酥皮味，另外還有鮑魚撻及叉燒飯的香味等等，各適其適，應有盡有。此外，每間博企均推出了不同的特色美食，例如，巴黎人有金箔雪糕，永利有茅台拿鐵，美高梅有銅鑼燒及哈根達斯雪糕等等，吸引很多遊客到場免費吃喝，使人一度詬病此舉嚴重影響了澳門中小型餐飲企業。直至 2024 年 6 月，有報道指出，澳門博彩監察協調局要求六大博企調整旗下賭場的免費餐飲政策，以便促進旅客回到社區消費。自此，路氹金光大道這種掃街式自助餐小食的氣味景觀可算是一去不再了。

第三章　聞香還是香

「聞香還是香」指透過聞香認識自己，體會生命的本質，藉著最純粹的一呼一吸，專注於活著的每分每秒。看似與生俱來的呼吸，看似最廉價的清新空氣，對於現今的城市人來說，並不似想像中的理所當然。尤其是經歷新冠疫情後，人們逐漸意識到芳香生活的重要性。接下來，本書將探討如何透過聞香認識自己，打造合宜的芳香生活。

「我的靈魂在香水的氣味中旅行，就像其他人的靈魂在音樂中旅行。」（*"My soul travels on the smell of perfume like the souls of other men on music."*）

—— 法國詩人夏爾・皮耶・波特萊爾（Charles Pierre Baudelaire）

空氣品質的關注

在新冠疫情期間，全民戴口罩過日子，吸一口清新空氣變得難能可貴。封控與禁足促使城市生活形態發生轉變，往日各有各忙、四處流動的城市人，被迫長時間身處同一屋簷下，家的氣味，突然變得非常重要。世事往往有得也有失，是福是禍，有時難以一言定論。根據粵港澳珠江三角洲區域空氣監測網絡發佈的空氣質素報告，2022 年珠江三角洲各地區的空氣質素明顯改善，香港更錄得過去十年整體空氣質素最好的記錄。[1] 與此同時，人們對生活空氣質素的敏感度及需求度隨之提高，市面上的消毒清潔用品以及家居香氛產品受到前所未有的關注，蠟燭、擴香石和香薰噴霧機等商品需求量上升，人們急於將有限的生活空間擴張至無限的芬芳境界。

雖然隨著疫後經濟活動及人口流動復常，城市空氣質素的改善趨勢略有放緩，但大眾對空氣質素的衛生管理意識並未因此退卻，在家工作的模式亦變得普遍，同時合成香料帶來的不良影響漸漸受到關注，這一切都推動了有機天然香氛產品的需求。根據一份市場調查

1　香港特別行政區政府環境保護署：〈香港空氣質素報告〉，https://www.aqhi.gov.hk/tc/download/air-quality-reports77ba.html。

報告[2]，全球天然家居香薰產品市場需求預計在 2023 年至 2032 年期間將從 44.8 億美元升近至 105.5 億美元，其中包括有機精油、天然植物、乾製鼠尾草等的香氛產品，人們期望以此替代合成香料，打造適合自己的芳香生活，減低空氣污染對人體及環境的影響。

心靈療癒的需求

芳香生活不是一種可有可無的調劑品，臨床研究證實，香氣對患抑鬱或焦慮的人士有實際的療效，對一般人亦起到提神舒壓的作用。芳香療法（Aromatherapy），又稱香薰治療，簡稱芳療，就是一種利用天然植物萃取的精油（essential oil）來舒緩身體痛症以至促進精神健康的療法，一般通過吸聞、按摩、浸泡等方式，將精油經由鼻孔或皮膚吸收至人體內，在改善情緒、認知、行為等方面都能提供一定程度上的幫助。

無論是專業認證的芳療，抑或是休閒美容的水療，都經常使用植物精油，為人們帶來身體及心靈上不同程度的療效。而中醫的穴位按摩同樣會配合漢方精油，力求疏通氣血，促使經絡運行協調與平衡。在艾灸的療法中，中醫師會將溫熱的艾絨放在就診者痛楚的部位上，原先受阻的經絡會因為受熱刺激而加速氣血運行，有助減輕疼痛，達至養生效果，因此艾灸經常被用來通經活絡、散寒止痛。艾絨由艾蒿製成，這是一種菊科植物，本帶芳香，唯在燃燒過程裡，由於幫助將身體毒素排出，其產生的煙霧帶點酸臭味，中醫認為那是積存於臟腑內部本身的病氣。隨著後疫情時代下城市生活的轉變，身心療癒的需求日益增多，無論是精油芳療抑或中醫診療，都變得生活化、普及化。芳香藥品已不限於醫療用途，而是像衣食住行一般日常化，坊間的香氛生活產品因此應運而生。

---

2 Global Information. (2024, March 1). *Global Natural Home Fragrance Products Market Research Report - Industry Analysis, size, share, growth, Trends and Forecast 2024 to 2032*. https://www.giiresearch.com/report/vmr1457996-global-natural-home-fragrance-products-market.html.

美感生活的嚮往

香氛生活產品可以簡單歸類為個人護理產品及生活空間產品，兩者因需求對象和使用場合的不同而有不同的產品特點。個人護理產品以照顧個人身心需要為主要目的，包括護膚清潔用品及身體香氛用品。前者包括護膚品、洗髮水、沐浴露、護手霜等，一般都帶有淡淡的芳香，以清潔、護膚、美容功能為主，芳香為輔，使用後留有餘香，意圖增添消費者對產品的接受度及忠誠度。後者則以芳香為主要功能，如香水、精油、體香噴霧等，滿足個人形象塑造、心情療癒、體味遮蓋等實質性的情感及生理需要。換言之，這些產品一旦失去氣味，那怕仍保留一定的療效，消費者的購買使用意願也必然大打折扣。

生活空間產品的使用，視乎空間性質、目標對象及使用目的而異。假如應用在醫院及洗手間這些帶有強烈氣味的公共空間，一般會使用除臭劑或空氣清新機等消除或覆蓋原有的氣味，因此一些業界專用的清潔劑及殺菌消毒劑都刻意添加檸檬氣味，試圖營造清新潔淨的感覺。市面上的清潔用品氣味大同小異，以普羅大眾容易接受的氣味為主，如檸檬果香、薰衣草香或玫瑰花香等大眾化香氣。假如應用在商場、店舖、酒店以至機艙等商業空間，選用的香氣則需要突出企業品牌風格，大多選用難以界定卻又獨一無二的香氛產品。香氣主要用來塑造品牌形象以及區隔市場定位，藉此建構消費者對品牌潛意識的情感記憶。

不同於上述兩種情況，在家居香氛產品選擇上，消費者顯然可以佔據主導地位，依據個人或同住親友的偏好，挑選合適的產品。也可因應個人生活習慣，在不同時刻使用不同類型的芳香產品，隨著心情調節環境氛圍，或放鬆或專注，適時為既定的居住空間打造不一樣的芳香世界。常見的家居香氛產品有香氛蠟燭、香薰噴霧機、藤枝擴香瓶等，近年煙熏類的線香、塔香、聖木、鼠尾草等也逐漸在亞洲地區流行。其功能已不止於薰香空間，有些人更相信這些香氣有助消除負面情緒及淨化空間，使用場所亦由家居延伸至辦公室等公共區域。

因此，結合薰香功能與設計美感的生活產品應運而生，像是能以手機控制的智能香薰噴霧機、香氛蠟燭的燈台、各種造型的擴香石、儀式感滿滿的線香座、陶瓷工藝的蠟燭、芳療香氣頌缽等等，將嗅覺、視覺、觸覺、聽覺等多感官體驗共冶一爐，把芳療完完全全融入日常生活，轉化成一場美感的體驗，讓城市人在忙碌之餘，好好吸一口芳香的空氣。

以「香」創業

為了打造合宜的芳香生活，了解自己對香氣的需求至關重要。為此，筆者特意訪問了兩位以「香」創業的澳門人，探討香氣之於當代日常生活的意義以及與城市文化的關連，思考人們如何透過聞香來認識自己。

黃競時，一位原本從事電影業的年青人，疫情期間放下導演筒與鏡頭，與當時的台灣女朋友即現在的太太，一起從北京回到澳門，回到老店林立的草堆街上，重新扛起祖業「永利紙料」這個原本售賣元寶蠟燭香的祭祀用品招牌，以「創新是為了傳承」為理念，於 2021 年創辦「永利紙料實驗室」，意圖將澳門在地文化透過線香這個媒介永續下去。「永利紙料實驗室」先後跟澳門不同產業跨界聯乘合作，將香氣帶進瑜伽、親子、教育、團隊建立等活動，又在澳門世界文化遺產的場地舉行手工製香體驗工作坊，銳意把澳門傳統神香業轉化成文化創意生活，為現代人帶來一炷精緻的時光。

凌芷欣，一位原先從事市場推廣、朝九晚五的年青人，當初為答謝出席婚宴的賓客，自製香薰噴霧作回禮送贈親朋。後來因著個人經歷，凌芷欣親身體驗了精油芳療的成效，於是將興趣轉作專業，先後獲取英國 IFA 香薰治療師證書等多個專業認證，於 2019 年創辦了「薰禮店」，期望將天然精油作為禮物分享給需要療癒的城市人。「薰禮店」先後通過不同形式將香薰帶給社會各個階層，對象從商業機構到社福組織，嘗試過婚慶回禮、藝文創作、劇場表演以至兒童繪本等形式，讓專業人士、基層大眾，以至貓貓狗狗等所有受眾都能從中受惠。

這兩位以「香」創業的澳門人，一位聚焦於線香這個應用於空間香薰的媒介，另一位關注精油香水這個應用於身體的媒介。到底，他們各自如何理解「香」之於當代日常生活的意義？香氣又如何與城市文化及身份認同關聯？人們可以如何透過聞香來認識自己？香氣這種媒介可以如何結合不同形式的文化創意，回應社會不同年齡、不同階層人士的需要？他們對於未來人工智能世界中的芳香生活又有何見解？接下來，筆者將專訪「永利紙料實驗室」創辦人黃競時，了解如何以香載道，以線香帶出在地文化的身份認同；並與「薰禮店」創辦人凌芷欣探討如何聞香識人，以芳療回歸生活本質。

§1　以香載道：以線香帶出在地文化的身份認同
—— 專訪「永利紙料實驗室」創辦人黃競時

時間：2023 年 10 月 27 日
地點：永利紙料實驗室
受訪：黃競時
訪問：黎美琪
整理：莫茜、黎美琪

線香，對傳統華人社會來說，代表著廟宇祈福、民間燒香拜神。然而，對於澳門這個擁有豐富製香歷史文化的城市來說，線香代表著一份在地的身份認同。而「永利」二字，可能讓新一代澳門人聯想到某間大型綜合度假村，但是對於上一代澳門人來說，可能只是一個很普通卻又很親切的名字。那時通街遍巷都有以「永」和「利」命名的店舖，寓意永遠長久、吉祥順利，而其中一間位於媽閣廟下環街附近的店舖，名叫「永利紙料」（Papelaria Veng Lei），專門售賣神香、蠟燭、金紙、紮作等祭祀用品，為祈福的人們增添一份力量。「永利紙料」創始於 1942 年，其後隨著 80 年代澳門社會經濟發展，下環街一帶的道路重新規劃，「永利紙料」跟隨其他老店一起從這城市消失。直至 2021 年，澳門整座城市正經歷新冠疫情，「永利紙料」第三代傳承人黃競時重新扛起這個名字，並帶上了一點實驗精神，以「永利紙料實驗室」（Veng Lei Lab）之名，再次與香為伴，以「創新是為了傳承」的理念，意圖將在地文化透過線香這個媒介永續下去。

從草堆街飄到亞豐素街的芳香

筆者與黃競時的相識是在「永利紙料實驗室」開業之初。那是 2021 年初夏的一個下午，筆者經一位電影文化界的朋友介紹，得知澳門有一間小店舉辦手工線香體驗工作坊，於是登門拜訪。走到老店林立的草堆街上，看見一間裝潢亮白但又帶有傳統典雅風格的小店。

圖 6.1：「永利紙料實驗室」創辦人黃競時

WATER
FIRE
魔法香薰盲盒
EARTH
AIR
VENG LEI
VENG LEI

圖 6.1.1：黃競時收藏了不少香木及製香原材料

推門而進才發現眼前這位賣香的店主，原來是一位拍電影出身的年青人，其時不禁滿腦子好奇。後來偶爾在不同場合遇上，也總是匆匆而談，直至通關復常快有一年之際，終於可以坐下來好好詳談香氣之道。這次訪談，已經是在遷店後的亞豐素街上，這區昔日街頭巷尾都住滿了藝術文化界名人。黃競時說當初新店選址於此，只是為了避開舊店在內港時經年難以擺脫的水浸困擾，沒想到新店造就了現時亞豐素街一道特別的風景，與周邊的學校、時裝店、咖啡店及超級市場相映成趣。

當被問及氣味對於當代人及其日常生活的意義，黃競時不假思索便說：「實用性」。無論是讓整個空間氛圍充滿芳香，抑或讓人轉換心情，在黃競時看來都屬於實用性，從市場的角度看都屬於香氣的功能。很少有人純粹因為喜愛而購買氣味產品，就算有，也是很小眾的。

疫前疫後的氣味轉換

筆者這些年間目睹「永利紙料實驗室」一步一步把線香從澳門社會傳統固有的祭祀形象中擺脫出來，繼而以不同的澳門氣味為線香定調，開創了不一樣的道路。在官方網頁上，「一炷精緻時光」（Scenting your daily life）這幾個字比店名「永利紙料實驗室」還要大，反映了這店家對線香定位的重視，意圖為城市人的生活添上一份精緻時光。這或許源於黃競時疫情下的逆境創業，就像其 Facebook 專頁在開店之初所言：「見證時代變遷，記錄文化軌跡。」當旁人還看不見曙光之時，黃競時就與現在的太太陳羿辛攜手創立了「永利紙料實驗室」，期望把線香文化帶進日常生活的不同角落。

正因為店舖誕生於疫情期間，當筆者問到疫情過後人們對香氣的需求有何變化時，黃競時表示，香氣與空間的關係其實是綁定的，疫情期間個人獨處的時間較多，促使一些以往沒有接觸過線香這類空間香氛產品的人去嘗試。線香市場也由以往的小眾慢慢拓展開來。相比之下，疫情過後個人獨自待在一個環境裡的時間少了，市場對這類產品的需求自然下降，受眾於是乎再次收窄至特定人群。他又指出，線香跟香水很不一樣，香水一經散發就能形成一個半徑 1.5 米的可移動空間，具有社交性質，故此疫情後香水的市場沒有受太大影響。

而線香的使用環境卻有所不同。疫情結束後，越來越多人出外旅行，有些人會携帶線香出門，面對旅途中的陌生環境，如酒店房間，線香的爆發力可以瞬間改變空間的氣味，甚至覆蓋周邊其他氣味，讓陌生環境變得熟悉，有助心情轉換。古時製作線香就是為了方便携帶，但目前這種需求仍屬少數，市場需求還是更傾向香水。黃競時自嘲，開發線香是逆市場發展。

嗅出在地文化的身份認同

或許就是這種逆向思維令黃競時對於創新有著與別不同的解讀，他曾在一次訪問中提到「創新是最好的傳承之道」。[3] 對他來說，傳統的意義在於一種身份認同。曾幾何時，神香、炮竹、火柴並列為澳門三大傳統手工業。澳門擁有豐富的製香歷史文化，至今保留了益隆炮竹廠等遺址。黃競時認為，「永利紙料實驗室」就是要透過香文化見證在地傳統，從而建構身份認同，因為香文化植根於澳門的文化底蘊之中。他認為，製造線香的工廠遍佈各地，當面對來自印度、日本、泰國等世界各地的線香，澳門線香有何特別呢？澳門香與內地香又有哪些差異呢？這正正是一個身份認同的問題。

追求全球化，必先要實現在地化，有些人稱之為「全球在地化」(Glocalization)。黃競時解釋，正因為香文化不是澳門獨有的，所以澳門香可以與外界聯通，從而走出去讓人認識。不同地區產出及選用的香材各異，受緯度、氣候、出口數量等因素影響，且製香方式及工序皆有不同。他舉例說，印度香多以恆河花萃取製成，因為當地的空間需求，導致市場上售賣的印度香氣味較為濃烈，甚至可以用來薰衣；泰國香色彩繽紛，售價低但可配襯不同薰香器具；日本香趨向精緻，呈現簡約特色，屬中上價位；中國的雲南、北京等地則著重以古法製香。而「永利紙料實驗室」對於澳門香的定位，就是堅持手工製作，用大量西方香料製作中式香。黃競時表示，這些技術都可以被取代，「永利紙料實驗室」的不同之處在於如何講好品牌的故事，講好澳門在地文化的故事。要做到這一點，不止要在產品包裝設計上花一番心思，還要思考如何透過香文化在有形無形間詮釋澳門這座城市。例如他們有一款命名為「船笛聲」的線香，就是要營造從東望洋燈塔眺望遠方的澳門香氣意境。

對於黃競時來說，線香只是一個中介載體。外資企業在訂製線香時，都期望知道「你是誰」，期待聽到一個在地文化的故事。因此他

---

3 何倩玲：〈延續澳門「香」情〉，澳門文創網，https://www.macaucci.gov.mo/cn/detail/161。

認為，讓顧客了解品牌背後的故事、歷史和動機很重要。顧客買的不只是產品，而是產品負載的文化價值。因此，「永利紙料實驗室」一直以來堅持在保留傳統的同時運用創新手法，將昔日的澳門文化與現代社會的需求結合。這也是為什麼黃競時與太太由開店至今仍然一直堅持人工製作線香，並沿用「永利」這個昔日在澳門通街遍巷都可以見得到的平凡名字。他們認為線香背後蘊含一種身份認同與歸屬感，也是讓外界認識澳門的一個途徑。

圖 6.1.2：一款名為「船笛聲」的線香，靈感來自從東望洋燈塔眺望海面的香氣意境

圖 6.1.3：店內有一個角落專門展示祖輩「永利紙料」舊店照片以及「永利紙料實驗室」的創業報道，可見店舖對於建立品牌故事的重視

黃競時認為，若只是售賣香氣，哪裡的產品都可以是一樣的，線香蘊含的故事才是重點。他期望通過線香這種載體去告訴別人澳門是什麼。黃競時滿有信心地表示，希望能夠以日本香為對標，讓澳門香在全球市場中佔有一個小席位。現時「永利紙料實驗室」手工製作的線香已經通過網絡平台銷售至世界不同地方。大部分網購的顧客都曾經到訪過實體店，其餘顧客可能是通過社交平台的文字、圖片和故事知道這家特別的香店，即使知道氣味或會與想像中不同，他們也願意購買一試。

你所聞的你不知道

比起網購，實體店裡第一身的香氣嗅覺體驗，可以讓顧客通過嗅聞不同產品，逐一比對找出個人所好。黃競時在實體店售賣線香的過程裡發現一個有趣的現象，就是男性顧客在選購線香時往往更喜歡甜度較高或者被認為比較女性化的香氣，例如花香、草香等，女性顧客反而多選購沉穩的香氣，例如木香這類被認為比較男性化的香氣。這可能出於一種直覺，或是潛意識的選擇。黃競時指出，其實大部分顧客不一定知道自己需要什麼，更多時候期望店家提供意見。只有不到兩成的顧客明確知道自己的氣味喜好，而從事文化創意工作的顧客更勇於嘗試。這反映一般人對氣味所知甚少，因此客製化服務並不是表面看起來那麼有市場。更多的顧客喜歡現成的答案，做出購買決定的時間可能只有五至十秒。就算現時那些客製化香水的度身訂做服務，其實也是店家提供意見引導顧客作出即時的選擇。

香氣的實用性，使它無可避免地受市場所影響。黃競時發現，人們追求的更多是認知上的氣味，而不是事物本身的氣味。例如人們更容易接受普遍認知的木調香氣，而不是喜歡真正的木材香氣。他表示，有時顧客會推門進來詢問一些特定的氣味，但其實線香裡很少出現這種氣味。這是因為顧客的認知被市場塑造，因而產生對氣味的想像。即使天然精油的成分來自大自然，但因為人為工藝的介入，往往可以產生比原材料更芳香的氣味，黃競時認為這樣的氣味已經不再天然。例如由花瓣萃取而獲得的花香精油，其香味的精純度會高於原來的花卉，因為真實的花卉必然夾雜著泥土、樹葉等其

圖 6.1.4：「永利紙料實驗室」配合中秋節推出的月餅造型香餅遠銷海外

圖 6.1.5：「永利紙料實驗室」與澳門藝術博物館「吉祥殊勝：故宮與札什倫布寺珍藏文物展」合作的香薰禮品

他氣味。而在香水的商業市場中，商家根據顧客的反饋調配創作出各種芳香的合成氣味，黃競時認為，這些香氣充其量只能說是接近天然花香的氣味，但絕對不是鮮花原本的氣味。然而，對顧客來說，這些氣味孰真孰假不一定重要。

從古方古芳到未來想像

當筆者問及氣味於當代日常生活的意義與古代有何不同時，黃競時回應說，很難用現代人的角度去詮釋判斷古人對氣味的態度，但根據一些古香配方，大概可以知道古時香道分為宮廷及民間兩種。前者選材較多，以複方為主，後者因價格成本，導致選材較少，以單方為主。根據古代配方製成的合香氣味大多偏於苦澀沉穩，以木調為主，直至後來唐代引進了安息香及乳香等。而宮廷的香方，大多供男性官員上朝使用，女士香則以貢品香為主。香道在中國古代主要流行於上流社會，跟西方國家一般只有貴族或者商人使用香品的情況一樣。這些宮廷香及文人雅士香，多以藥材製成，用來醫治呼吸道疾病、幫助靜思冥想，或兼具驅蚊防蟲等功能。而線香原材料受到環境氣候影響，不同批次也會有不同品質。黃競時表示：「現在就算按這些古方配製，也很難百分百還原，只能做到一種復刻的香氣。」他認為，無論是現代香還是古代香，香都是偏功能性的。本質上，現代香與古代香是類近的，都有專注靜思、陶冶性情及生活儀式上的作用。而線香比起其他香氛產品，又多了一份儀式感，有些人喜歡看著線香慢慢燃燒，一縷縷煙火隨風飄逝，這比看著香薰噴霧機由五分鐘運行到十分鐘更有意境。

至於現代宗教中的燒香文化，人們會因應情況而對線香的質與量提出不同的要求。黃競時以佛教及道教為例，指出佛教使用線香的時間更長，對香氣要求會高一些，例如打坐時會選取自己喜好的香氣，用臥香或盤香形式，以質取勝；而道教則更講求數量，以插香形式為主，對香氣要求低一些。此外，民間習俗如每月初一、十五燒香拜神也是以量取勝，大多使用化學香，燃燒速度快，營造一種煙火鼎盛的氛圍。黃競時提到，以前一炷香或許能燒上一個時辰，即兩個小時左右，現在可能十五至二十分鐘便燒完。

圖 6.1.6：黃競時強調透過舉辦工作坊，讓參加者體驗手工製香過程，從而了解昔日澳門神香業並建立身份認同

那麼未來香又會如何發展呢？對於未來香的想像，黃競時想了一想，說道：「說不定比香更香。」他的意思是，未來的科技也許不單止能夠模擬出真實的氣味，甚至能創造出自然界不存在的氣味，以此創造出不存在的空間，可以基於人們已有的認知去創造出一種全新的共同認知。他舉例說，在現實世界裡，或許每個人對森林氣味的認知都是不同的，但是藉助商業產品就能建構人們對森林氣味的共同認知。其情形就如所謂的「薰衣草香」一樣。現時世界各地的人們不一定都嗅聞過天然薰衣草的氣味，但藉著薰衣草商業產品，大眾就形成了對「薰衣草香」的共同認知。由此推想，黃競時認為未來科技可以調度人們的認知，甚至能通過氣味去創造一個異度空間或者平行空間。

氣味與影像敘事空間的關係

電影工作出身的黃競時，以氣味電影為例子，談論未來科技中氣味與影像敘事空間的關係。他認為在於技術層面，電影只需要將一組根據時間碼（timecode）編製的氣味，按照影像播放時序散發，就可以製成氣味電影了。他認為技術上絕對能做到，但可以做到不代表要這樣做，這是思考的關鍵。對於他來說，電影是一種視覺敘事的藝術，若氣味介入，就會打破原來由影像建構出來的敘事空間。當氣味伴隨影像出現，那麼現實世界裡的觀眾會否比電影世界的主角更早聞到氣味呢？就算做到技術上同步，也難以阻止觀眾對氣味的反應比主角更快。他舉例說，假如故事講述主角聞到一股不知名的氣味，按照劇情設計，主角還要分辨一下那是不是血腥味。但嗅覺體驗同步的觀眾可能已經立刻意識到那是血腥味，導致其思緒突然跳離電影世界，這樣就破壞了電影語言。對照電影中槍聲音效的應用，當觀眾聽到槍聲，就知道電影世界裡可能有人死了，此時觀眾與電影主角的感知應該不會差太遠，但人們對氣味的認知不一定能同步收窄到如此準確的範圍。黃競時認為，電影語言永遠屬於視覺。

黃競時說：「在電影語言裡，槍聲就是槍聲，可是氣味呢？觀眾或許會思考，這是不是血腥味呢？觀眾思考的這個過程，其實就已經打破了電影的影像敘事空間。」他認為觀影是一種很主觀的行為，電影世界中，導演與敘事關係密切。然而，因為電影發展已經超過一百年，觀眾對影像語言形成了一定共識，就像是一列火車向螢幕方向駛過來，觀眾認知上已經接受了那列火車並不會真的衝到觀眾席上。黃競時認真思考了將氣味運用於電影的可能，回應道：「可是從觀影的角度，氣味實在是太模糊了，人們對氣味是沒有共識的，目前尚未建構起所謂的氣味語言。影像語言都用了超過一百年去建構，何況氣味呢？若要將氣味應用於影像上，那一定是實驗性的。」

相比之下，黃競時認為近年興起的虛擬實境（Virtual Reality, VR）與電影很不一樣。那是一個由觀眾自主控制的空間，觀眾能以「上帝視角」主導何時進出，既有互動性也有參與性，觀眾就是故事的一部分。當觀眾在虛擬實境中看到森林瀑布的同時聞到某種氣味，他們充其量認為那氣味與認知不一樣，但不會去否定它。但如果同樣情況發生在觀影的過程裡，觀眾一旦覺得氣味與認知不同，電影敘事就受到了干擾。黃競時認為，影像一旦失去了敘事功能，就會失去其魅力。沒有了敘事的影像，就只是一些視覺特效，而氣味也只是氣味，整部電影便趨於抽象，偏向藝術形式。他認為如果氣味在影像世界出現，就一定要具備敘事性的功能。

氣味就是空間

「氣味其實就是空間，打破了空間的氣味會顯得奇怪。」黃競時舉例說，電影透過影像語言，可以將觀眾從六個不同角度帶進視覺空間，但氣味需要一定的物理空間才可以散發，例如香水一般需要半徑 1.5 米左右的範圍。但當一種香氣與另一種香氣疊加在同一個空間裡，就會產生混亂。換作影像的話，空間調動就相對容易得多，觀眾很容易接受影像上蒙太奇的推疊。例如畫面中一列火車開走，緊接著主角踏單車經過，這就建構了電影的敘事。因此，他認為讓氣味介入電影是比較困難的，這不單純是科技的問題，而是人們缺乏共通的氣味語言。當未來有一日人們對氣味語言形成了一定認知和共識以後，氣味才可以更好地介入電影創作。黃競時解釋，這跟環境香氛（ambient scent）不一樣，在大型購物商場的公共空間使用香氛，目的只是讓顧客沉浸其中，人們並不需要知道那是什麼氣味，更不用建構什麼氣味語言共識。「說不定視障人士可以擺脫這種氣味之於空間的認知限制，可以透過連續不斷的氣味變化去感受空間的不同。」他突發奇想地補充道。

研究氣味文化史的學者康斯坦斯·克拉森（Constance Classen）與大衛·霍威斯（David Howes）曾這樣界定香氣的公共性與個人性[4]：香水（perfume）由於噴在身體上，營造個人領域，體現西方個人主義的文化；而香薰（incense）擴散至整個空間，營造公共領域，常見於廟宇、家居等場所，體現東方集體主義的文化。對香水屬於

---

4 Classen, C., Howes, D., & Synnott, A. (2002). *Aroma: The cultural history of smell*. Routledge.

個人、線香屬於公共的觀點，黃競時抱持相反的看法：「香水是給別人聞的，線香是留給自己的。」他認為香水體現的是對自我形象的期許，屬於一種期望管理，用來塑造別人對自己的想像，期望別人在自己身上聞到某種香氣。或許有些人會說使用香水是為了取悅自己，黃競時笑問：「試想像一個人住在荒島上，還會噴香水嗎？」他認為香水有一定的社交性質，正因如此，香水的商業受眾市場往往比香薰的更大。而線香、香氛蠟燭這些香薰產品大多是在獨處空間中使用，就算與人分享，也一定是與親密的伴侶、家人、朋友共享，這與香水的社交性質是不一樣的。黃競時繼續說，香氣離不開空間，香氣的存在就是形塑一個特殊空間。香水一般能覆蓋一米多的距離，那是個移動的空間，而香薰的影響範圍可能是一個客廳，又或者是一個房間，這是固定的空間，人們因應情況不同而使用不同的芳香產品。

那麼，氣味的時間向度又是怎樣的呢？黃競時認為，氣味一定是物理性質的存在，就算將其形容為所謂的數位（digital）信息，也只是某程度上時間與空間的類比（analog）信息。氣味一定是淡入淡出的，如果沒有視覺線索，人們很難判斷氣味變弱是因為時間長了，抑或是距離遠了。他指出，時間與空間永遠互相關聯。比如剛剛從街外走進店內，氣味的轉換是很明顯的，因為那是「0」與「1」的關係，但待在店鋪的時間長了，便很難辨別店鋪裡面的香氣。黃競時表示，有時他在家裡點燃香薰蠟燭，剛開始時尚可以聞到香氣，時間久了自然就感覺香氣變弱。到底是自身嗅覺變麻木了，抑或是產品及客觀環境的問題？他自己有時也難以判斷。

人工智能的氣味世界

黃競時認為，未來人工智能可能發展到比人類更熟悉人類自己。他打比方說，未來或許可以在氣味製造機上輸入個人感受，透過龐大的資料庫，讓人工智能幫忙調配適合自己此刻需要的氣味。只要這個資料庫的數據累積達到一定數量，再經過足夠長時間的人機交互，便可以形成一種區域性的氣味共同認知，例如之前提到的人們對森林氣味的共同認知。人工智能就像是一個圖書館，可以訓練人們建立共同的氣味語言。黃競時猜想，屆時或許便能夠達到真正的氣味數位化。

黃競時判斷，越是都市化的地方，越容易推算到可能出現的氣味。就像生活在澳門這個規模比較小的城市裡，一個星期可能接觸到的氣味類型其實是有限的。只要在同一個城市生活，人們聞得到的氣味，可能有五成都是相同的，例如來自汽車的廢氣味、下雨天的潮濕味、茶餐廳的油煙味等，因此這些氣味可以被量化。而人們感受到的另外五成氣味，則因不同的生活環境、飲食習慣等而異，其類型可以通過工種進一步劃分。在學校、政府部門、賭場酒店等地方工作的人群，都會因各自的生活方式而建立起個人與集體的氣味認知。黃競時認為，同一環境下，從事同樣工作的人聞到的氣味都是差不多的，就算有例外也是少數。於是乎，城市的氣味就可以被量化。使用香水的目的之一就是讓都市人享受日常生活裡不會接觸到的香氣，然而，現今香氣製作的技術遠遠滯後於人工智能的發展，導致兩者還未能很好地協調起來。黃競時寄望，未來人工智能可以更好地在配方或製作工藝上協助調香師工作。

那麼，假如要將氣味形容為一個人，對黃競時來說，那是一個怎樣的形象呢？黃競時覺得，線香的氣味有很多層次，他會形容為類似神，但不是中國神話裡長生不老、屬性相對固定的形象，其給人的感覺更像日本動畫中的永生不死神，變化萬千而有不同形態，粗獷或溫柔皆可兼備。

跨界的商業聯乘

「永利紙料實驗室」由開業至今，已先後跟澳門不同產業跨界聯乘合作，像是瑜伽、親子、教育、團隊建立等，可算實現了跨領域橫向發展，甚至參與由澳門文化局主辦的《文化講堂》，向大眾講述地方信俗文化的傳承與發展，並先後進駐鄭家大屋、盧家大屋、東方基金會會址等歷史建築，將神香製作工藝這項非物質文化遺產通過體驗工作坊重現。此外，店舖還曾與表演藝術文化團體合作，將詩化為一道道香氣。商品開發方面，「永利紙料實驗室」應不同企業及政府機構的訂製要求，設計出一系列產品，如 2023 年澳門藝術博物館委託生產的宮廷藝術主題文物展活動紀念品等。

對於未來的聯乘合作，黃競時又有何想法呢？他坦言期望與本地設計師合作，他認為澳門不乏有潛質的設計師，但心態上需要跨出去，接受更多的可能性。設計師需要考慮的不止設計，還有市場、營運、定位、價值等等。黃競時亦希望澳門市場有更多的線香店出現。他打比方說，有一百間店便可形成產業，當中若有二十間結盟，就可以擴充市場，將蛋糕做大。他期望同類型的創業者不止於抄襲，而要各自發展出獨有的價值與定位，這樣就可以一起將澳門線香向外推廣。

創新、創業、教育

在人手有限的條件下，「永利紙料實驗室」本可以全力銷售產品賺取盈利，可是從開業至今，黃競時與太太仍然堅持親自落場，主持大大小小的手工製香體驗工作坊。筆者不禁要問其原因。黃競時回應說，這樣做的目的就是要將香文化在澳門傳承下去，做成普及教育。有一次他進入中學舉辦工作坊，問參與的學生，在他們心目中澳門是什麼。他發現，很多年青人對澳門所知甚少，有些甚至連觀音堂及紅街市都未曾到訪過，對澳門昔日繁盛的百業，好像已經一無所知。難道年青一代只知道澳門現時的四大產業？因此他認為，儘管自己希望將大部分精力投放在產品研發上，但如果不舉辦工作坊，就很難建立品牌與澳門的在地關係。工作坊不僅讓參加者體驗製香技術，同時也在建立身份認同，幫助今天的人們了解昔日澳門手工業的模樣。黃競時坦言，一個文化創意產業，如果不夠在地化，是不可能走向國際的。

當問到未來的願景，黃競時不諱言希望透過線香，將在地文化、歷史與及身份認同聯繫起來，讓年青一代對澳門更有歸屬感。他認為，年青人相對沒有思想包袱，他們不一定將線香與傳統燒香拜神的民間信仰綁定，這有助於線香文化的傳承走出不一樣的創意之路。

後記與再思

筆者與黃競時相識多年，發現他有別於一般的文化創意從業者，他不是一個只會空談創意理想的創新者，也不是一個只顧商業發展、銷售盈利的創業者。他經常出現在大大小小的體驗工作坊，賣力地在文化教育講堂中宣講線香的在地文化，他的身影更像是一個肩負重任的教育者。或許，就是兼具創新、創業、教育這三重身份，讓「永利紙料實驗室」變得獨樹一幟。這樣的發展思路，給氣味科技體驗的日常化帶來頗具前瞻性的啟迪。

線香不獨是一種香品的形式，更是一種文化的載體。香氣裡蘊含的不只有花香、木香或乳香，更承載著在地文化的價值與意義。手工製香的慢工出細活、熏香營造的恬靜獨處空間、西方香料遇上中式技藝的概念……這一點一滴正正體現澳門獨有的文化價值。點燃一根線香，其實就是進入一種文化情境的氛圍。有些人聞到泰國香時，自然聯想起泰式按摩的悠哉；當聞到日本香時，又會聯想起日本神社或溫泉旅館的氛圍。那麼，澳門的芳香產品又如何能夠讓人聯想起澳門的小城風貌？這一切視乎如何將聞香、製香的過程，聯繫到在地文化的日常生活體驗上。

無形的氣味，往往在不知不覺間塑造有形的敘事空間，無論是可移動的，抑或固定的。從恬靜的獨處到陌生的環境，氣味科技都能幫助都市人塑造適切此人、此時、此地的情感氛圍，並且通過建構共同的香氣語言與認知，重塑人們對文化身份和敘事空間的詮釋。未來，如何藉由科技創新的手法，帶著創業務實的精神，透過陣陣幽香來傳承文化教育，將會是氣味科技體驗日常化值得思考的發展方向。

§2　聞香識人：以芳療回歸生活本質
—— 專訪「薰禮店」創辦人凌芷欣

時間：2023 年 12 月 18 日
地點：薰禮店
受訪：凌芷欣
訪問：黎美琪
整理：莫茜、黎美琪

「薰禮店」（City Pharma Gift Shop），將香薰視作療癒的禮物。創辦人凌芷欣一直從自身經歷出發，本著婚宴回禮答謝的初心，借用「婚禮」的粵語諧音，將「薰禮店」從最初的網上店舖發展為今日的實體店舖。「薰禮店」致力於將香薰帶給社會各個階層，合作對象從商業機構到社福組織，創意形式從婚慶回禮、藝文創作、劇場表演到兒童繪本，服務受眾從專業人士到基層大眾，甚至貓貓狗狗。「薰禮店」提供的不單純是香氛產品，而是如其官網所言：「改善都市人的心靈健康，將香氣回憶禮品帶給不同需要的人」。或許這就是凌芷欣一直秉持的使命，從心而發，走過疫情，不忘初心，為要將香薰作為禮物分享給更多需要療癒的人。

眾裡尋她千百度

當被問及氣味之於當代日常生活的意義，凌芷欣認為這視對象而異。一些人需要用香氣塑造一個滿足社會定義的自己，而另一些人卻是藉由香氣探索真正的自己。凌芷欣指出，氣味在日常生活裡經常被人們忽略，因為氣味這個東西對很多人來說太過虛無，看不到亦摸不到。人們容易被一些社會價值、潮流指標影響，可能只是閱讀了社交媒體的文字，又或聽到網紅 KOL 的吹捧，就認定什麼氣味好、什麼氣味不好。一旦某款芳香產品被描述得很好或很有功效，人們就可能認定自己會喜歡這種香氣，卻沒有考慮自己是否真正聞過、這種香味是否適合自己等問題，有些人甚至會斷然拒絕嘗試。

凌芷欣表示，香水在傳統的定義上可以分為女性香水和男性香水。過去的女性香水可能偏甜，以花香為主，而男性香水的調性則主要有木質、煙熏、森林等，偏重大地氣息。但這種界定已被打破，近年流行的中性（unisex）香水就可以融合草本、水果、木質調等清爽氣味，結果現在無論男女都刻意找尋中性香氣。市場上一些指標性的香水品牌，每季皆會選出當期流行的香氣。例如東方調的香水近年十分流行，很多人會因此去尋找一些帶有桂花香、墨水香等東方氣息的香水，這是受潮流價值觀和品牌標籤的影響。

然而，當人們一味追求潮流香氣，就會忽略內心真正的需要。凌芷欣指出，有時來店的客人會直接詢問有沒有某款當紅的香氣，而拒絕嘗試其他的可能性。有些客人願意停下來，嘗試嗅聞自己指定的香氣，有時會表現出極大的反差 —— 原來那款香氣並不是自己喜歡的，然而那卻是他們過去到處尋找的香氣。凌芷欣以近年流行的木質調或檀香味為例，她表示有些客人親自聞過以後，才知道自己其實並不喜歡。對此，她感到頗為惋惜 —— 原來人們常常在尋找一種本來就不存在，卻以為自己會喜歡的東西。

理想與現實的並存

那麼，一般人可以如何透過聞香來認識自己？凌芷欣鼓勵人們抱持開放的心態，嘗試多用嗅覺來探索周圍的人、事、物。尤其在現今數碼科技的年代，到處充斥著各種各樣的視聽娛樂，嗅覺感官往往被放到很次要的位置。但其實，親身感受、留意日常生活中遇到的每種氣味，是一種很重要的經歷。她認為，首先要有行動，之後才能慢慢學會感受，了解自己對香氣的喜好，不受大眾潮流所約束，懂得審視自己的需求。香薰產品的療效等功能性因素反而只是考慮的次要重點，因為在不同年齡階段，個人的身心需求、性格的成長改變、希望呈現給人的感覺等等都不一樣。日積月累，慢慢培養自己對氣味的觸角，為自己選擇合宜的香氣，才是最重要的。

凌芷欣坦言，氣味最能反映一個人真實的內在。人們或許可以強迫自己穿一件不喜愛的衣服，聽一首不喜歡的歌曲，嚐一些不喜歡的

圖 7.1：「薰禮店」創辦人凌芷欣

芳療護膚
私屬訂製

食物——只要認定這些是對自己有益的。可是，嗅覺卻騙不了人，一個人愈熟悉自己，愈知道自己喜歡什麼氣味，人們不能強迫自己噴一支不喜愛的香水。

使用香水能實現一種理想的自己與現實的自己並存的狀態，故此身為芳療師的凌芷欣每次為客人調配個人香水時，務必詢問客人使用香水的動機與目的。她表示，動機可以很多樣化。有一些人是為了表達自我，希望藉由香水反映真實內在，例如一個有親和力及感染力的人可能希望藉助香氣加強表達這些特徵。另有一些人是為了改善自我，希望通過香水改變現況，例如對於一個本身脾氣容易暴躁的人，特定的香氣就可以成為一種提醒，提示自己要平靜和放慢一點。更有一些人期望以香氣塑造理想中的自己，例如一個看上去很年青的人，可能因為工作需要，需要用沉靜的香氣塑造成熟穩重的專業形象。凌芷欣認為，無論是反映真實內在，還是改善塑造自我，這些目的可以並存在同一個人身上，只是在不同時間裡，通過香氣切換。

當香氣不似預期

假如氣味喜好反映的是真實的自己，那麼當人們發現所尋找的並非自己所愛，又或者真正的香氣並不如自己想像，一般會如何反應？又應如何面對這種期望落差？凌芷欣回應說，那視乎客人本身的性格。有一些人會執著於尋覓想像中的香氣，他們很快就會奪門而出，繼續到另一間店舖尋找。另有一些人會嘗試停下來了解，即使尋找的那款香氣不似預期，也希望找到怎樣的香氣才適合自己。這時，凌芷欣就會根據實際情況詢問客人：到底是送禮或自用？在什麼場合使用？期望有什麼功效？藉此了解客人選購香薰產品是出於真實需要，抑或只是覺得自己需要，繼而給出相應的建議。

凌芷欣舉例說，曾有客人想找薰衣草精油，但一聞就發現自己難以接受。她深入了解以後才知道這位客人經常失眠，聽說薰衣草精油能夠助眠，於是便篤信那種精油就是自己所需要的。可是，失眠的原因有很多，不一定每個人都適合用薰衣草，想要安眠還可以有很多其他選擇，不用一味迷信某種香氣。可是在現今的速食文化下，城市人急於得到答案。淩芷欣表示，有些客人透過社交平台詢問她有哪些精油可以幫助減壓，但當她邀請對方親自來店舖試聞時，他們就顯得很抗拒。她帶點無奈地說：「最好可以列出一張清單讓他們選擇，以便即時得到解決方案。」這其實是受到當代消費習慣的影響，客人期望像網購一樣，上網查閱相關資訊後，就能迅速得到明確的答案，就連親自到店試聞一下也不願意。對他們而言，好像只要別人說有功效就可以了，卻忽略了自己是否真正喜歡那款香氣、對自身是否真正有效等等問題。

嗅出真實的內心

《精油翻譯師》一書的作者藤原綾子[5]，結合認知行為療法與香薰治療，提出了一套名為「香氣的心理分析」(Aroma Analyze) 的方法。「香氣的心理分析」有別於坊間流行的性格香氣測驗，後者指向較為籠統，像星座書一樣指出什麼氣味代表什麼性格或態度。但藤原綾子強調，人本身是具有自癒能力的，當事人憑藉本能和直覺選出喜愛的香氣，繼而說出對香氣的感受與聯想，芳療師根據當事人對香氣的描述，就能分析其潛意識下的心理與生理需要。藤原綾子相信，只有當事人的大腦才知道自身所需要的香氣，芳療師只是一位中介，只要依據當事人自己的感受與想法，建議相應的精油配方就可以了。

先後考獲多個國際香薰治療認證的淩芷欣表示，芳香治療其實與精油心理學有關，是通過嗅聞天然精油反映當下身心情緒的需要。這種治療法結合了精油特質與心理學，有大數據分析的基礎，能反映某種共同的性格傾向，其原理類似九型人格或星座分析。簡而言之，該系統可以將人格區分為果香類、花香類、根類、樹枝類、木質類、葉類等。如果一個人持續且穩定地喜愛某種特定精油，日常生活中的很多產品都包含這種香氣，就可以說此人具備這種精油人

5　藤原綾子著，嚴可婷譯：《精油翻譯師》，新北：楓書坊，2020 年（日文原著出版於 2018 年）。

圖 7.1.1：凌芷欣工作檯上擺滿五花八門的精油

格。例如喜歡薰衣草精油的人，一般都熱心助人，默默從旁支持，不求回報。這些分析可以幫助芳療師在短時間內認識一位客人的個性，從而協助挑選合適的香氣。

凌芷欣現時提供的芳療諮詢服務（圖 7.1.1），就深受藤原綾子這套「香氣的心理分析」方法啟發。聞香的過程，除了可以讓當事人了解自身對香氣的偏好以外，還可以藉此幫助投射自我內心世界，意識到當下的心靈需求，揭示潛在的健康問題等。凌芷欣將這個調香體驗過程稱為「心療」。對凌芷欣來說，比起直接銷售香氛產品，這種長達一兩個小時的一對一諮詢服務，需要全時間心力專注，有時候的確讓人疲累，但能夠藉助天然精油給人提供身心靈層面的幫助，分享療癒的禮物，給予她莫大的滿足感。這或許源於氣味這種媒介讓人產生共鳴、鼓勵人彼此分享的特質。

建構香氣圖庫

凌芷欣表示，由於每個人對香氣的認知及感受都不同，只有透過嗅聞更多不同的香氣，才能建構屬於自己的香氣圖庫，即一個儲存香氣記憶的資料庫。正如小朋友通過閱讀來累積知識，品酒師也是在不斷的品嚐中學習運用不同的專業名詞來形容酒的酸度、甜度、顏色、香味等。因此，一個人對不同香氣的閱歷累積得愈多，知識涉獵愈廣，詞彙量愈豐富，就能愈立體、愈具象地描述及記錄氣味。例如水果的香氣可能讓人聯想到陽光、活潑、開朗的感覺。借用不同領域的詞彙，如明亮度、溫度、色系、質地等，去形容香氣帶來的感覺與印象，甚至將香氣聯繫至某個特定的地方，就是個人對香氣的感受具象化的過程。這樣形成的氣味記憶更加具體可靠，不再是只記得一個香氣的名稱。

由於氣味可以直接影響人們的情緒、行為以及記憶，靈活運用個人香氣圖庫，可以幫助舒緩情緒甚至改變行為習慣。凌芷欣舉例說，有些人會為不同場合制定不同的音樂播放清單，例如跑步時聽節奏明快的音樂，睡眠時聽柔和的音樂或者白噪音等等。香氣在人們日常生活中的角色也應該如此，只是礙於很多人缺乏對香氣的認識，以致很多時候無從入手。凌芷欣表示，很多人在選購香氛產品時，只會簡單將香氣歸類為喜歡或不喜歡，將買來的香薰產品隨意放在生活區域的某個角落。可是，當一個人建立了香氣圖庫，便可以靈活運用。假如一款香燭給某人以溫暖、親切和安全感，那麼這款香燭最理想的擺放位置，必然是這個人平日休息放鬆的私密空間，像是睡房的枕邊，而不會出現在廚房或辦公室裡。

凌芷欣繼續說，天然香氣帶來的影響是最直接的，哪怕只是吸聞十五分鐘左右，也可以刺激大腦產生一些幸福快樂的激素。她表示，曾經有一位客人因長期在不見天日的辦公室工作，感到相當壓抑，後來他在辦公室放置了一些森林系的香薰產品來增強空間感及空氣潔淨感，心情也隨之改善。而在公共場所，合理運用大眾香氣圖庫亦可以影響人們的情緒及行為，例如可以在醫院等氣氛較凝重的場所適當釋放一些公認令人愉悅的香氣來舒緩放鬆在場人士的情緒。凌芷欣表示，這些例子都說明香氣有助於在客觀環境因素難以改變的條件下解決一些結構性問題。而在商業應用上，也有很多案例證明，特定的香氣可以影響消費者的逗留時間、聯結對品牌的情感記憶。

圖 7.1.2：薰禮店提供不同類型的香薰產品，包括精油、擴香瓶、熔蠟等，滿足日常生活不同情況的需要。

那麼，如何在日常的衣食住行裡，打造適合自己的芳香生活？凌芷欣表示，最重要是認清自己對氣味的需求。為了提神專注？抑或放鬆舒壓？用來悅己？還是悅人？用來表達自我？還是塑造形象？是用於家居？抑或用於辦公室？擺放在固定位置？抑或隨身携帶？甚至需要直接用於身體？因此，首先要清楚自身需要、明確用香目的，繼而選擇自己喜歡的香氣，配上合宜的產品使用模式（圖 7.1.2）。例如，如果只是為了遮蓋異味，或在公共空間中愉悅他人，那麼使用人工香精也無傷大雅；但若是為了身心靈健康，就應該使用天然香薰產品，並從中選擇自己喜歡的氣味。

當然，如果要深入理解並分析運用，必定要向專業的調香師、芳療師又或環境香薰機構諮詢，以尋求專業科學的意見，以及從商業市場的角度作出的全面分析。凌芷欣舉例說，有些人會將伊蘭、白麝香、玫瑰等花香產品放置在洗手間，但其實花香跟排泄物的氣味結合後，會產生更奇怪的異味，因此無論是天然香料或人工香精，花香都不宜出現在洗手間。果香等帶有酸味的香薰產品，才能有效地分解異味。用香味掩蓋異味的手法，有時反而會加重原有的異味。

回歸生活本質的芳療

當筆者問到芳療的核心價值與定位，凌芷欣表示這一定離不開生活本質。她相信每個人都擁有一個香氣圖庫，那是隱藏在大腦裡面關於香氣的資料庫，當中涉及兩個層面：第一是自身經歷，指被香氣所牽動的記憶及情感；第二是本能反饋，指香氣偏好反映的個體性格、態度及取向等。她相信每個人都擁有學習嗅覺語言的能力，而芳療師只是一位記錄分析員，透過一對一的芳療諮詢過程，了解服務對象是一個怎樣的人，繼而給出相應的精油配方建議。芳療師應該藉由詢問服務對象的香氣偏好及有關香氣的印象及聯想，幫助對方了解自身潛意識裡隱藏的香氣圖庫。前題是求助者需要秉持開放的態度，願意嘗試接受香薰精油帶來的各種可能性。

在進行芳療諮詢的過程中，凌芷欣一般會先請客人填寫一些基本資料，簡單了解其身心狀況及生活習慣，繼而詢問其調配香薰精油目的。常見的目的有舒緩壓力、幫助睡眠、治療痛症、緩解濕疹敏感症狀等等。其後，她會讓對方逐一嗅聞十多款不同的香氣，並按照喜好程度排序。在嗅聞的過程裡，凌芷欣會邀請對方描述香氣帶來的感受及聯想。這種聯想可以來自回憶，也可以完全出於想像。這樣做是為了讓芳療師了解不同香氣對那位客人來說扮演何種角色、起到什麼作用。例如，當客人談到一種香氣讓人感到輕鬆，她就會進一步詢問對方聯想到怎樣的情景。有些人可能形容為水療按摩般放鬆，有些人可能形容為行山郊遊般放鬆。憑藉這些描述便可以看出各人取向的不同：前者可能會選擇水療按摩店裡經常聞到的薰衣草精油，後者則可能需要森林調精油。有時，芳療師也會詢問對方一種香氣會讓其聯想到一個怎樣的人。答案可能是一位給予支持的朋友或上司，兩者的形象同樣是給予支持肯定，但前者是同行者般的陪伴支持，後者則側重對工作成就的肯定，反映出客人不一樣的需求。這些都能幫助芳療師了解各種精油對於客人的意義，以及具體精油能給予客人哪方面的幫助。

凌芷欣認為，香薰精油就像人們用以「看門口」的黃藥水或跌打酒一樣，應該常備於家中。芳療精油不是只在放假休息時才偶爾點燃的昂貴香薰蠟燭，而是你我平凡生活裡的日常用品。當遇到不開心、睡不著、肌肉痠痛等情況，人們都可以選擇合適的天然精油幫助自己。

愛你變成害你

香薰精油這種療癒的特質，既來自其天然植物的本質，也與它誕生的背景有關。凌芷欣表示，古代的香薰主要有宗教及醫療兩種用途。在宗教方面，東西方都有將香氣當作禮物獻給神祇的傳統，香氣被視為祈禱祝願、與神祇溝通的媒介，例如天主教彌撒中使用乳香、廟宇燒香拜神等。而醫療方面，古代有熏香潔淨己身、品香淨心、焚香助眠等做法。古時候，天然製成的香品特別昂貴，肉桂、檀香木等香料曾如黃金般貴重。聖經記載，東方三博士向新生的耶穌獻上黃金、乳香、沒藥，禮物中的乳香和沒藥都是名貴的香料。當時的香氣僅供帝王和上流社會專享，是一種身份地位的象徵。然而，隨著中世紀香水製造技術誕生，人工合成香精的成本大大降低，香品逐漸實現普及化、平民化。技術進步的本意原是好的，但若成分使用不當，合成香可能對人體健康產生不良影響，損害神經系統，嚴重者甚至致癌。

凌芷欣指出，但凡香氛產品，只要帶有天然精油的成分，就能在一定程度上帶來身心靈的改變。相比之下，合成香精對心靈未必能起太大作用，反而可能對人體造成負面影響。按她的觀察，現時市面販賣的香水，絕非百分百採用天然精油，大多是合成香精與天然精油混合，但基於成本考量，天然成分佔比一定比較少。加上天然精油由植物萃取，呈現的香氣種類有限，而合成香精可設計調配成千變萬化的香水，更符合現代都市人喜好，那也是無可厚非的，只是很多人未必意識到他們所使用的香氛產品對自身可能有不良影響。凌芷欣笑說，她配製的天然香水在市場上是很小眾的，就像是售賣有機食品的小店在抗衡龐大的食物加工產業。

近年由於新冠疫情的出現，社會大眾持續關注身體健康和情緒健康。凌芷欣表示，有些人深入了解以後，才知道合成香精的負面影響，於是返璞歸真，盡量使用最天然的產品改善自己的身心靈狀況。疫情期間人們需要長時間逗留在同一個空間，促使一些以往很少使用香氛產品的人前來選購，這些人更多是追求一些香氣以外的附加功效，例如提升免疫力、舒緩頭痛等等。對比之下，疫情緩和以後，這方面的需求有所下降，或許是因為出現了更多替代產品。凌芷欣觀察到，現時消費者變得比較沒那麼在意香品的功效，反而重新追尋自己喜歡的香氣，並將之當作一種生活方式。

安全規範與監管

只是，凌芷欣遺憾地表示，目前市場對香氛產品沒有形成一定的規範與監管，商品的標籤說明上可能只標示了若干香精種類，例如玫瑰、薰衣草、檸檬等，難以追溯成分來源。她指出，天然精油尚且有辦法檢驗是否有機。例如市面售賣的天竺葵精油由一百多種有機物質組成，當中 30%–40% 的香茅醇可能提取自天然的天竺葵，而摻假的產品可能添加了高濃度的人工合成香茅醇，過量吸收不單對身體無益，還有機會傷及神經。目前對芳香產品的成分及來源只有個別品牌自行認證，而沒有市場監管及第三方認證，難以形成行業規範及追查來源。凌芷欣慨嘆道：「這比起食物更難監管質量。」而且精油的副作用往往很容易被人們忽視，其生理表徵如頭痛、失眠等，都是城市人常有的症狀，人們會誤認為是嗅覺遲鈍或其他因素所致，不易察覺長時間嗅聞合成精油帶來的負面影響。

凌芷欣提到一位客人的親身經歷，那位女士在一家博彩企業工作多年，因長期身處香氣濃烈的工作環境，中樞神經受損尚不自知，有時會頭痛到睡不著覺。當她發現成因以後，便很怕再接觸任何香精類產品，從此在日常生活中堅持使用無味產品。當然這是較為極端的案例，但也說明長期沉浸在充滿人工香精的氛圍會影響身體，這與喜不喜歡某款香氣無關，而是涉及安全與健康問題。凌芷欣認為，未來製香產業應設立第三方認證，市場上的產品包裝也應該接受更嚴格的規管，例如要更清晰地標示香料成分來源等等，像維他命等保健產品一樣，讓人們安心使用。

公共空間的香權力

氣味無法脫離空間獨立存在。凌芷欣認為，對商業場所而言，選用香氛的目的一定是品牌推廣，為打造品牌香氣，讓顧客潛意識加深對品牌的印象，這無可厚非。然而，醫療及教育機構一直忽略了香氣的潛在力量。她建議教育場所可以透過香氣舒緩學童一些過動行為或暴躁的情緒，其原理就如一些學校的教室或醫院的等候室偏好使用暖色光，給人以溫暖柔和的感覺。合適的香氣，不單能薰香整個場所，更能影響人們的行為及態度。

香氣在公共空間的潛在力量確實不容忽視，但在公共空間散發香氣是否涉及道德問題呢？氣味就像一種無意識的植入式廣告，大眾只要進入公共空間就只能被動式接受。負責選取香氣的決策者，擁有了公共空間的氣味主導權，就如以往傳媒大亨掌握著話語權一樣。而大眾對傳統視聽媒體，尚可以選擇不聽不看，但氣味伴隨著人們每一刻的呼吸，無法自主拒絕。凌芷欣表示，使用香氣的行為是否合宜視乎場合或時間段。她笑指公共廁所也常安裝空氣清新機，若只限於特定時段，以低頻運行，大眾是可以接受的，並不會造成困擾。

那麼，凌芷欣又如何看待「氣味中立」呢？一些工作場所強調無味空間，又是否可行呢？凌芷欣認為，氣味沒有絕對的客觀性，就算嚴格除臭除味，日常生活中也很難營造絕對的無味空間。現代城市人使用的護膚品及清潔用品，從洗頭水到護手霜，或多或少都帶有一定香氣，問題只是氣味是否達到影響其他人的程度。若員工需要長時間逗留在一個充滿香氣的工作環境，僱主就應考慮給予員工在工作一定時長後離開該空間的權利，好讓嗅覺稍事休息，又或定時通風更換環境中的空氣。可見，在公共空間內使用香氣也需要一定的規範與指引。

目前人工精油的質量難以監管，那麼近年流行的聖木與鼠尾草等天然淨化產品的質量又如何呢？將這些芳香植物直接燃燒散發的香氣，效果會不會比較好？凌芷欣以聖木為例指出，由於聖木的油脂含量少，市面上聖木精油的提煉方法是加熱蒸餾木碎，萃取其中的芳香分子。聖木精油與燃燒聖木的氣味相似，卻不完全一樣，精油的香氣濃度更高，因此應用方式也不一樣。直接燃燒聖木的煙熏感，跟加熱聖木精油的溫暖感，是兩種截然不同的感覺。再者，燃燒聖木或鼠尾草的過程充滿儀式感。有些人愛盯著香煙緩緩飄散，感覺有點像近年流行的露營野餐。在社交媒體帶動下，燃香需要一系列精緻的工具及步驟，構成了一種生活儀式。一些人不止為了淨化空間及消除負能量，更重要的是藉此享受個人專屬的「Me Time」(自我時間)。不過在凌芷欣看來，鼠尾草氣味較為濃烈，不一定適合港澳地區較為狹窄的生活空間。按她觀察，無論使用精油抑或燃燒香木，受眾大多是有一定社會閱歷和工作經驗的群體。這些消費者意識到自己心靈上的需要，期望藉助工具幫助自己緩和理想與現實生活的張力，沉澱思緒並喚醒內在的自己。

以香會友

談到「薰禮店」的緣起，凌芷欣表示，最初只是單純想把香薰當作回禮，饋贈出席自己婚禮的親友。後來逐漸業務化，婚禮香薰成為「薰禮店」的一項主打服務。自 2019 年開業起，「薰禮店」已舉辦超過 100 場調香活動，後來更將服務延伸至公司聚會、私人宴會、團隊建設等場合。凌芷欣表示，她一般會預先按新人喜好調配特製的香水，並向他們講解選用其中各種天然精油的意義和功效，然後製成小禮品送給賓客。此外亦會在婚宴現場設置「薰禮 BAR」(圖 7.1.3)，說明為新人特製的香水成分，並讓賓客根據駐場調香師的配方建議自行調配香水。這樣，一方面能讓賓客感受新人用心特調的香氣，另一方面也能享受現場體驗調製香水的樂趣，令宴會現場處處芳香撲鼻，增添滿滿的溫暖。按她觀察，一般賓客會直接選取新人調配的香水以作紀念，偶有個別感興趣的人士嘗試自行調配。這些特別的安排給婚慶社交場合營造了輕鬆的氣氛，讓賓客親身感受精油香薰，有助於香薰文化的推廣普及。

筆者早前有機會實地親身參與「薰禮店」為一場婚宴策劃的調香活動，觀察到在婚宴開席前短短一個小時的接待時間裡，香氣的共享

圖 7.1.3：薰禮店讓婚宴賓客即場體驗調製香水的樂趣

性促進了賓客間的輕鬆互動。當日出席的賓客以夫婦情侶居多，他們很樂於為彼此挑選香水。一位女士試聞過三款香水以後，挑選了偏木調的香水贈予身旁的丈夫。亦有三五知己走到調香櫃檯前，在配製過程裡分享對不同香氣的喜好。而參加宴會的小朋友更是興致勃勃躍躍欲試，希望親自調配與眾不同的香水帶回家留念。香氣，不單是新人婚宴的回禮，更造就了賓客之間互相用心饋贈的美好氛圍。在婚禮中，香氣擔當起社交媒介的角色，讓久未碰面的親朋輕易打開話題，拉近彼此之間的距離。

何謂本土氣味？

經歷過疫情，澳門民眾對香薰精油產品的接受度是否發生改變？與其他地區又有何差異？凌芷欣提到，自 2019 年開業以來，澳門市場對香薰產品的接受度沒有太大變化。若跟其他地區比較，澳門香氛市場最大的不同在可選擇種類的數量。她指出，由於澳門市場太小，外地品牌未必願意進來，本土品牌內銷又有限，導致市面上的產品種類較少。儘管近年有本土香薰精油出現，但大部分顧客只認識某些國際品牌，加上缺乏對香薰精油的認識，不了解其功效，導致人們在日常生活中使用香氛的意願較低，甚至無從入手。她相信假以時日，澳門人對香氛的接受度會越來越高。

那麼，什麼是本土精油呢？是指由本地人提煉的精油？抑或用本地原材料製作的精油？到底該如何界定呢？凌芷欣解釋道，以香港為例，一些本土品牌從白蘭花等香港獨有的植物中萃取香精，他們願意投放成本進行研發。又如一些香薰護膚品牌，調配出特別適合在港澳氣候下使用的產品。這就是本土化。相比之下，澳門產品很少體現本土元素，大多是模仿外國品牌。

本地的跨界合作

凌芷欣自創辦「薰禮店」以來，一直致力於將香薰帶給本地各個階層，合作對象從商業機構到社福組織，創意形式從婚慶回禮、藝文創作、劇場表演到兒童繪本，服務受眾從專業人士到基層大眾。其跨界合作模式有何特別呢？接下來筆者將分別從藝文、親子、社會福利三個面向逐一探討。

在藝文表演方面，凌芷欣舉出早前與澳門戲劇農莊合作的項目為例。她表示，當初主辦方邀請「薰禮店」的目的，是以香氣元素豐富劇目的欣賞體驗，加深觀眾的投入感及參與度。合作雙方在創作過程中彼此尊重，戲劇農莊向她詳細講解整個劇本，並邀請她參觀彩排。雙方的嘗試都帶有實驗性質，形成一種共同創作（Co-Create）的模式。創作者不是在社交媒體上製造宣傳噱頭，而是為了獲得觀眾的正面迴響。那麼，凌芷欣當初如何決定使用什麼香氣？其靈感從何而來？香氣與劇目的關係又是如何？凌芷欣以參與度較高的劇目《魚之祭》為例，進一步說明香薰跨界合作的過程。《魚之祭》是一齣由日本劇目改編的粵語讀劇，故事講述了家人離世後，本已各散東西的家庭成員得以再次重聚的故事。由於情節處處關乎回憶，劇場裡特意擺放了一些雜物和舊書。於是，凌芷欣為此調配了一款舊書的氣味，向黑盒劇場的觀眾席散發，讓觀眾感覺如同進入角色的家中。另外，為了延伸劇目的觀賞體驗，凌芷欣還特別設計了一款帶有海風香氣的擴香石作為活動紀念品，讓觀眾帶回家。其構思源自開場與結尾呼應的一幕，即一家人到海邊拍照的情景。凌芷欣認為這是全劇最有感染力的片段，故此希望觀眾往後聞到這香氣就能回憶起整齣劇目。

圖 7.1.4：凌芷欣希望透過親子香氣繪本的形式，結合抽象的氣味與具象的文字、圖畫，幫助小朋友認識情緒

至於親子香氣繪本的靈感，則源於凌芷欣的自身經歷。她從女兒身上學到如何通過講故事的形式讓小朋友感受及認識香薰，同時促進親子間的互動，於是嘗試將兒童芳療元素加入故事繪本（圖 7.1.4）。由於氣味抽象虛無，凌芷欣希望透過具象的文字與圖畫幫助小朋友加深認識。因此她聯同本地插畫師，將故事情節具象呈現，讓受眾腦海裡的香氣更為立體，從而協助小朋友建構自己的香氣圖庫。她設計了四款情緒香，分別對應膽怯、分心、沮喪、恐懼四種日常生活中常出現的負面情緒。當父母翻開香氣繪本講述到特定故事情節時，就可以將特製的天然香薰噴霧，適量地噴灑於故事卡或周遭空氣裡，讓子女將聞到的香氣與故事情節連結，幫助他們認識及接納不同的情緒。同時，情緒香薰也能起到安撫、專注、愉悅、鎮靜等作用，啟發小朋友的嗅覺認知。日後當小朋友有機會再次聞到同一種香氣時，就能想起故事的主角如何面對有關的情緒。凌芷欣表示，這些天然香薰不一定能即時解決情緒問題，但至少給照顧者提供了一些輔助工具，方便其在日常生活裡陪伴小朋友面對負面情緒。

「薰禮店」與社會福利機構的合作，受眾都大多來自基層。就凌芷欣的觀察，他們跟其他商業客群很不一樣，很珍惜每一次的香薰體驗。她感到目前社會存在很大的斷層，香薰被認為是精神層面的追求，而對於基層朋友來說，那是遙不可及的，所以當有機會去體驗

圖 7.1.5：凌芷欣舉辦工作坊，讓視障人士體驗香薰調配

時，他們的需求與反饋超乎想像。尤其是芳療方面，凌芷欣感到他們有十分渴慕的心，非常希望了解不同精油如何幫助改善痛症等健康問題。他們對精油接受度高且持開放態度，沒有受到太多品牌包袱的影響。因此她強調，只要選用適合自身需要的天然精油，基層大眾都一樣可以享受到芳療的好處。而且貴價精油不一定代表功效特別好，價格高昂的原因可能只是市場營銷、萃取工藝複雜或原材料稀少等。

就過去接觸到的社福群體，凌芷欣表示服務視障人士的體驗最為特別。她曾經多次為視障人士舉辦工作坊（圖 7.1.5），他們的接受度及包容度相對大一些，不會受精油的包裝及調配工具這些外在的東西所影響，可以很純粹地去感受每一種的香氣。從他們的表情與反饋，她發現原來單純地體驗香氣可以如此輕鬆自在。

相比之下，現時很多人購買香水，不可避免地被包裝、價錢及品牌等因素影響。從香水廣告到香水瓶，商家通過視覺手法及外型設計，將抽象的氣味具象化甚至物慾化，造成消費者對香氣存有既定印象及偏見。凌芷欣表示，這一類消費者可能只是想擁有一款香氣產品，未必真正想擁有那種香氣，甚至從來沒有聞過就購買了。她強調，消費者需要意識到這些因素如何影響自己對香氣的偏好，不應盲目地追求一些不適合自己的香氣。

薰芳未來

現代日常生活很多領域都離不開科技的影響，而虛擬實境帶來的模擬真實感，讓人們沉浸在科技所創造的空間中，加上近年人工智能發展迅速，氣味之於未來日常生活有什麼尚待發掘的可能性？凌芷欣認為，目前人工智能已發展得相當先進，但側重點仍在視聽方面。若將來可以把氣味融入虛擬實境，她相信可以營造出類似真實大自然的感覺，讓人們投入其中。當然，嗅覺體驗裡必然存在期望落差，但她認為，人們認識的香氣種類愈多，感受香氣的經歷愈豐富，建構並儲存在大腦中的氣味聯繫愈複雜，每個人的香氣圖庫愈大，這種期望落差就會愈小。假設一個人平生只聞過地板清潔劑的薰衣草氣味，卻從來未聞過其他種類的薰衣草香，他就會認定這種清潔劑中的氣味是薰衣草香的唯一標準。然而，目前市面上提供的香氣種類都較為單一。凌芷欣以 4D 電影為例，表示現時與電影配套的來來去去都是那幾種香氣，例如，刺激的是一種香氣，沒那麼刺激的就是另一種香氣，釋放的香氣都有固定模式。第一次體驗時或會覺得很神奇，但多看幾次以後，就會發現那些氣味給人的感覺並不真實，只是形式上做到而已，會讓人們以為氣味體驗僅止於此。

凌芷欣認為，數碼科技涉及重複性及覆蓋性。數碼嗅覺科技可以考慮為個人用途設計香氣，就像戴耳機聽音樂一樣，讓用家輸入自己的要求，例如深山野嶺的香氣又或海邊燒烤的香氣等，藉此提升個人日常生活的嗅覺享受。她相信，未來只有出現足夠的技術支援條件，人們才會意識到原來這才是他們需要的東西，那怕這一刻尚未體驗到。就如 Spotify 線上音樂串流媒體平台未出現之前，人們不覺得需要串流音樂，但當這種音樂融入日常生活以後，消費者就能迅速習慣其模式，現時就算一間小店也會不間斷地播放串流音樂。那麼香氣在未來能否像串流音樂一樣融入大眾的日常生活呢？凌芷欣想像道，通過未來科技或許可以自動生成一些香氣，設有自動播放模式，又或能按用家要求提供一些醒神氣味。未來的香氣釋放器是否也可以有清晨、午間、傍晚模式？凌芷欣表示，雖然現在市面上也有類似的電子產品，但提供的香氣並不天然，只是模仿而已，而且種類單一。

現時日常所見的香氛產品，就算有一百個牌子，其海洋香可能都來自同一個香氣原料廠商。但事實上每個人聯想到的海洋氣味都可能不同，有些可能是清爽涼快，有些可能是風味燒烤。可是現時市場提供的種類很單一，發展力度小，沒有人願意投放資源。大眾縱使知道海洋聞起來並非如此，但接受了海洋香氛產品就是這種氣味，就像某些廠商主導了消費者對薰衣草的認知一樣。凌芷欣形容這情況跟時裝有點像，以前女生都被認定要穿某款裙，但當時裝行業發展開來，大眾才發現原來還有很多可能性，不會覺得沒有選擇餘地。凌芷欣認為，或許氣味太多元，不像色系及音調般有限，而且香氣原料的儲放佔用空間，又涉及安全隱憂，不是人人喜愛，有時甚至會引來不適，加上氣味聯想因個人經歷而異，因此，她期望未來數碼嗅覺科技可以提供更多的選擇。

關於未來人工智能會不會取代芳療師的問題，凌芷欣認為未來即使人工智能知識庫發展到足夠大，甚至可以讓用家輸入想要的東西就能快速調配出適合需要的精油，人工智能取代的都只是結果，卻不能取代芳療體驗。像她現時為客人調配芳療產品，過程涉及人與人之間的情感交流，她認為這些是人工智能取代不了的。

假如要用一個人來形容氣味，那麼對於凌芷欣來說，氣味到底是一個怎樣的人？凌芷欣想了一想回應道：「那可能是一位牧師，是包容世人的，像氣味一樣包容世上不同的人。」

後記與再思

凌芷欣談到，氣味離不開生活的本質，更能反映真實的內心。有時人們汲汲營營地尋覓，卻找不到理想的氣味，最後發現最愛的竟然就是靠嗅覺本能嗅出來的那種，其實頗有「眾裡尋她千百度，驀然回首，那人卻在燈火闌珊處」的味道。這確是一個頗有意思的比喻，人生何嘗不是如此，當人們追逐世界的潮流價值觀，希望讓自己躋身其中，好像別人的說話比起內心的說話更有份量，殊不知真正需要又適切自己的答案，一早已藏於自身當中。

或許未來在氣味科技體驗日常化的進程裡，從業者應該更多考慮如何通過體驗設計，引導用家將氣味所帶來的聯想與感受，真實地表達出來，從而幫助找出適合自己的天然精油及相應的生活模式，而不是被動地接受市場所提供的氣味。凌芷欣一直進行的香氣跨界融合，是在嘗試打開氣味體驗日常化的各個可能，從繪本到劇場，這些不是附加在氣味之上的噱頭，而是在深入了解受眾當下的情境與需要。這些需要可能連當事人都不自知。未來嗅覺科技，可以如何幫助人們更深入地了解自己，並體現於日常生活各個層面？當中有關每個人香氣圖庫的課題，值得置入教育場景作進一步思考。

水能載舟，亦能覆舟。氣味既能反映人們真實的內在，亦能被潛意識主導而不自知。氣味的社交共享性，一方面可促進人與人之間的交流互動，另一方面也帶來氣味公權力的種種疑慮。當愈來愈多大型公共空間刻意置入環境香氣，營造沉浸式氛圍，其背後的取捨原則及安全監管值得三思。氣味無處不在，卻真實地反映個人喜惡。在發展氣味科技體驗日常化的同時，應如何像視聽媒體般賦予用家選擇權？如何做到讓用家自主決定何時何地進入怎樣的氣味空間，在得以享受個人香薰空間之餘，又不至影響周邊的人事物？此外，身心障礙人士又可以如何透過香氣跨越社會藩籬，像擁有無障礙通道一般去感受日常生活的美好？這一切都是未來氣味科技體驗日常化發展值得深入探討的議題。

結語

結語

§1 再思城市氣味文化

霍米・巴巴（Homi Bhabha）曾提出著名的「文化混雜」（Cultural Hybridity）理論，或稱「文化雜糅」，指出任何一種文化都不能排除其他文化的影響而獨立地存在，不同文化彼此碰撞後形成一種新文化形態。雖然霍米・巴巴的理論針對的是當時殖民主義背景下外來文化與本土文化相互碰撞的現象，但這套理論後來被應用於不同文化範疇，包括中西方藝術發展研究。這種觀點打破了傳統對藝術非中即西的劃分，而港澳地區的藝術發展正是中西文化混雜的明證。

氣味在城市文化中扮演的角色更是如此，其持續變化、難以追溯、難以界定的特點，全然可以歸為一種混雜。這裡的「混雜」不單描述各樣城市氣味在某個空間、某個時間段出現在一起，而是形容城市氣味景觀的混雜性代表了不同生活文化的交互狀態。城市氣味的成因不只是外來遊客與本地居民，還包括每個城市獨有的地勢空間、氣候季節等外在因素，以及政策實施、飲食習慣、節慶風俗等內在因素。生成一種嶄新的城市氣味，方式可以是疊加、消滅、變異、保存、再生等等，反映出一個城市擁抱的價值。因此，透過人類學感官民族誌的情境調研方式，親身進入城市社區，走到街頭，甚至造訪居民住家，感受日常生活的城市氣味，探索當下出現的氣味景觀，可作為認識氣味、認識世界及認識自己的另類途徑。

本書提出「聞香是香」、「聞香不是香」、「聞香還是香」的三個層次，是為了打破人們對日常嗅覺感知的「不聞不問」。日常生活中，人們在不知不覺之間，被眾多複雜但來源與成分不明的城市氣味所包圍，潛移默化被影響而不自知，這種影響可能是正面的，也可能是負面的。這些城市氣味可能來自商場酒店的空間香薰、精製食物中的人工香料，抑或不完全清新的空氣清新劑、悅己悅人的個人護膚清潔用品等等。氣味，在在與人們的日常生活息息相關。如何提高大眾對城市氣味的認識，從而了解背後的文化脈絡，接納內在真實的自己？如何利用不同的氣味，打造合宜的芳香生活？這些問題對當代城市居民提升生活質量意義重大。當人們與不合宜的氣味不期而遇，即使是有意識地迴避或想辦法祛除，也總好過被動地接受或採取逃避態度 —— 捏著鼻子閉氣而過又或速速拔腿而逃。深入感受和認識不同的城市氣味，能幫助我們更好地了解並融入日常生活的社區。

§2 可持續發展的芳香城市

筆者記得小時候上學必會經過高士德區的高地烏街，附近街坊都稱之為狗屎街。當時每逢路過此處，離遠便聞到陣陣狗屎味，穿過街道要眼明腳快，像打電動遊戲一樣跳過地上重重「地雷」。但隨著高士德區的發展，今時今日的高地烏街已變成餐廳商店林立的街道，狗屎味不再，狗屎街的稱謂大概也只有老街坊才會記得，可見氣味景觀對一座城市何其重要。

與紅街市毗些喇提督市東街毗鄰的羅若翰神父街，從前遍佈餅家、大排檔、成衣檔，街坊習慣稱此處為桃花崗。因為當時紅街市周邊多有製衣廠及紡織廠，工廠工人及街坊鄰里喜歡在此喝茶聊天聚腳，於是桃花崗充滿了雞蛋仔、炒粉麵、咖啡奶茶的香氣。筆者兒時跟母親到紅街市買餸，她總愛順道走到桃花崗買些光酥餅回家，那是屬於筆者童年回憶的香氣。可惜此情不再，後來周邊樓宇發展，桃花崗的攤檔於 2018 年 6 月 30 日正式結業，從此這裡只有電單車留下的汽油味了。城市氣味景觀緊扣著居民集體回憶，有些芳香一去不再，氣味雖已消失，與氣味相關的回憶卻歷久彌新。將一個城市的氣味景觀記錄下來，也是為城市保存一種形式特別的珍貴文化遺產。

本書記錄的澳門街區氣味漫步，雖然只是當下個人嗅覺感知到的氣味，內容或有偏差，不能作為客觀的數據，但這些主觀感受，就如同氣味日記，把走過的平凡街道、流動的氣味景觀，以文字、圖像、聲音等方式保存下來。無論本地居民還是遊客，都可以依據當下嗅覺所感，記錄個人專屬的氣味體驗，共同譜寫城市氣味景觀。正因為嗅覺感官的主觀性，其牽起的記憶與情感亦相當個人化。每當有機會在澳門或其他城市進行街區氣味漫步，筆者都深刻體會到氣味這種媒介同時具備的主觀性與共享性，總是能瞬間將背景不同的人聯繫在一起。而氣味漫步不但能增進個人對街區的認識，更有助於認識同行者。漫步時，人們藉著彼此分享各自對氣味的感受及回憶，自然而然地進行真摯交流。

公共環境氣味的營造

澳門橫街窄巷多，氣味容易混雜。期待人口稠密處的街區垃圾站沒有異味是不切實際的幻想，但親身體驗後，也沒有想像中的臭氣熏天。說實在，筆者在澳門街區氣味漫步的過程中發現，澳門很多民生區的垃圾站周邊空氣比預期好。隨著澳門社會大眾受教育水平提高，保護環境衛生的意識也日漸提升。澳門政府部門推出的一系列垃圾收集及清潔清運措施，對城市整體公共衛生環境的改善起到相當關鍵的作用。例如在各個舊區主要地方設置的密封式垃圾房或電動垃圾壓縮桶，除了減少垃圾收集次數，亦有助於解決污水積存、蚊蟲滋生、鼠患等問題。此外，清潔工人定時定點清洗垃圾站周邊路面以及公共街道，而在人流暢旺的地區，清洗頻率會更高。澳門的公共環境氣味，經過政府及居民多年的共同努力，變得比從前更加怡人。

然而，對飲食場所油煙排放的監管，好像一直「只聞樓梯響」。透過氣味漫步，筆者走訪澳門不同的區域，發現很多餐廳及外賣店的油煙排放口都正向著街道，有時油煙味濃烈得讓人不斷咳嗽。尤其是午市、晚市時段，如果經過餐廳林立的街道，一股股油煙氣味如連續不斷的颱風，向著行人猛烈吹送。不時見到行人捏著鼻子快步走過，甚至繞道而行。澳門環境保護局於 2014 年底曾發出《澳門餐飲業油煙排放標準及完善監管制度》諮詢文本。2019 年，環境衛生處曾引述市政管理委員會決議，發佈了油煙排放規範及監測標準[1]，包括：

i. 本澳飲食場所最高允許油煙排放濃度為 2mg/m^3；
ii. 不可連續超過兩分鐘排放明顯可見油煙；

1 澳門市政署環境衛生處：〈環境衛生範疇技術意見〉，https://www.iam.gov.mo/showFile.ashx?p=onestop/ImageAlbum/636032401262743.pdf。

iii. 不可在任何一小時內排放明顯可見油煙累計超過四分鐘。

根據《澳門環境狀況報告》[2]，2023 年，有關部門接獲 344 宗油煙排放投訴，比 2022 年增加了 21.6%，該數字已比疫情前 2019 年的 513 宗有所下降。但同年，有關部門接獲 659 宗空氣污染投訴，比 2019 年的 572 宗多出不少。這一方面可能與 2019 年起市政署對發牌的食肆公佈了更明確的監測標準有關，另一方面也可能是由於經濟轉型與北上消費造成本地餐飲業下滑，而外賣店不受油煙排放制度規管。距諮詢文本發出已經過去十年，時至今日，澳門仍未正式立法監管油煙排放。在打造「美食之都」這張金名片的同時，澳門對飲食場所油煙排放的監管及處罰機制的訂立刻不容緩。

隨處可聞的信俗味

澳門居民以華人為主，祭祀與生活融合在一起。漫步於澳門舊區，偶爾會聞到從街角廟宇又或商舖供奉的土地公飄來的香燭味，足見澳門廟宇文化以及土地信俗之普遍。雖然土地面積狹小，但資料顯示，全澳門有超過 140 個的公共土地神壇及 10 間供奉土地的廟宇[3]，還未計算私人供奉的土地公。土地信俗更被列入澳門非物質文化遺產清單。可想而知，香燭味早已成了澳門街頭巷尾的城市氣味景觀，尤其是在農曆初一、十五，以及一些特別節期，走在澳門的民生舊區，香燭氣味隨處可「聞」。

這種隨處可聞的信俗氣味，不止出現於傳統祭祀文化，也體現於當今消費文化，只是形式有所變化。路氹金光大道上的綜合度假村、酒店及商店各自散發著專屬的標誌性香氣，人們只要踏入這些商業場所，瞬間就被無處不在的香氣包圍。隨著逗留時間增長，嗅覺慢慢適應，人們從感知上以為這種香氣消失了，其實它只是退到消費

2 澳門特別行政區政府環境保護局：《澳門環境狀況報告》，https://www.dspa.gov.mo/publish.aspx。

3 〈非物質文化遺產：土地信俗〉，澳門文化遺產網，https://www.culturalheritage.mo/detail/101974。

者的感官潛意識之下，並悄悄建構起消費者與品牌之間的情感連結，從而影響人們的記憶聯繫甚至消費行為。適當地打造商業公共空間的氣味，確實有助營造愉悅的消費環境及體驗氛圍，但若過量使用人工香精或在香氛中長期逗留，人們的身心或會受到一定程度的負面影響，甚至導致對所有香薰產品的反感。商業空間如何有效地針對特定消費群體，定時、定點、定量地散播環境香薰，是值得各方面共同關注的議題。

文化旅遊下的城市氣味景觀遊

澳門曾有「濠鏡十景」。成書於清朝的《澳門記略》記載，這十景包括南灣浴日、蓮峰夕照、濠鏡夜月、雕樓春曉、三巴曉鐘、青洲煙雨、雞頸風帆、橫琴秋霧、望洋燈火、蘭寺濤光。隨著社會發展，90 年代出現了「澳門八景」，即燈塔松濤、鏡海長虹、媽閣紫煙、普濟尋幽、三巴聖跡、盧園探勝、龍環葡韻、黑沙踏浪。這是由民間社團依據歷史性、時代性、可觀性和連續性原則，自行選出的八個旅遊景點。到了 2019 年澳門回歸二十週年之際，民間社團再次票選出「澳門新八景」，即亭前葡風、愛巷傾情、福隆新貌、雙湖塔影、西山望洋、橋牽三地、路環漁韻及龍爪觀濤，是代表澳門中西文化及城市形象的視覺景觀。那麼，澳門城市氣味景觀又是如何？假如有機會票選「澳門八大芳香」，未知讓人垂涎的葡撻香、澳門漁港的鹹魚香、象徵澳門特區的蓮花香、非遺醉龍節的酒香、金光大道的酒店香、藝術文遺的歷史香、民間土地信俗的神香、地道街市的人情香……是否榜上有名？有關部門可以打造不同主題的氣味漫步路線，鼓勵居民與旅客走訪澳門大街小巷，進行另類的城市探「索」，勾畫出個人專屬的城市氣味地圖。

§3 活出真我的馨香

在強調多感官體驗的當今世代，人們時不時會面對感官超載（Sensory Overload）的情況。這指的是人們接受的感官刺激已超過能承受的最大範圍。在以往的日常生活裡，感官超載持續的時間一般不會太長，形式也比較單一，可能是吵鬧的噪音環境、人來人往擁擠的月台、散發強烈氣味的餐廳、閃光頻繁的影像等。而隨著社交媒體的興起，網絡傳播速度加快，視聽移動裝置成本下降，感官資訊逐漸泛濫，商家爭相用最短時間吸引大眾的注意。社會充斥著賣相精緻的甜品、重口味的快餐、口感「爆漿」的小食、觸碰式的螢幕、虛擬實境的眼鏡、震動式的遊戲手掣、無間斷播放音樂的無線耳機、沉浸式的展覽等等，當然還有香氣濃烈的芳香產品。用手指隨意掃一下屏幕的時間，已足夠迅速「觀看」數個短視頻。這一切都在把人們日常生活的感官體驗推向高峰，每一刻都有一個或多個感官訊息傳入大腦，有時讓人難以負荷。

牛津大學跨感官研究實驗室教授查爾斯・史賓斯（Charles Spence）提出維持感官均衡的重要性。他把這種均衡稱為「感官攻略」（sensehacking）[4]，指有策略地運用不同感官的力量，促進人們在社交、認知、情緒等方面的身心幸福。史賓斯指出，在日常生活的不同情境中有策略地營造感官體驗，有助於緩解都市壓力，增加幸福感。從臥室佈置到家居設計，從工作場所到交通出行，還有運動、購物、園藝、醫療，甚至是約會的氛圍，都需要注意感官體驗的均衡。

本書主張的不是盲目地追求芳香生活，而是鼓勵人們為著個人及環境實際需要，有意識地、適切地、有策略地營造合適的芳香氛圍。

---

4 Spence, C. (2021). *Sensehacking: How to use the power of your senses for happier, healthier living*. Penguin UK.

這需要我們合理調整衣食住行的生活習慣，有時甚至要刻意祛除特定氣味，以達至身心平衡健康，提高生活幸福感，實現環境可持續發展。在人工智能愈發普及的未來，城市氣味景觀會否迎來不一樣的天空？

美國著名教育學家帕克·帕爾默（Parker J. Palmer）在其著作《讓生命發聲》[5] 中坦言，人一生拚命追尋的答案，其實不在外面，而是在裡面。帕爾默指出，內在生命的覺醒，始於跟隨內心的指引，活出豐盛的生命。透過聞香認識自己，指的不單是認識自己對氣味的喜好，更是認識潛藏的自己。人們常以為認識自己，但往往最陌生的，也是內在最真實的自己。

若想為自己及身邊的人打造合宜的芳香生活，首先要認識自己內在最真實的需要，繼而按不同情況調配。選擇香氛時要考慮到時裝衣著、日用飲食、居住氛圍、運動出行等因素，就如每個人都有適合自己的一套生活方式。雖然社會上必然有一定的潮流、偏好、取向，但人們的嗅覺感知、感受、喜好與記憶都是相當個人的，不存在既定的標準與對錯。因此，透過聞香認識自己就顯得更為重要，這是別人難以取代的。

每個人與生俱來就有一股獨特的體味，就像是指紋一樣。除了受到種族、基因等天生因素的影響，飲食習慣、生活作息、身心狀態等，同樣巧妙地影響一個人的體味。只是有時連最親密的人甚至自己都難以辨識，只有經過訓練過的犬隻才能真正做到「聞香識人」。接納自己身上的體味，是坦誠面對自己的重要表現。一個人天生的氣味並沒有美醜對錯之分，而認識自己對香氣的需要，則是勇敢踏出去表達自己喜惡的第一步。做到這一點，才能因應人生不同階段的需要，為自己打造合宜的氣味氛圍。而所謂打造芳香生活，不是一味盲目地追求潮流芳香，有時也要懂得消除不合適的人造氣味，在日常生活中營造舒適的氣味環境，甚至可以只是到大自然中好好

---

5 Palmer, P. J. (1999). *Let your life speak: Listening for the voice of vocation*. Jossey-Bass Inc Pub.

地吸一口清新空氣。因此，用加法也好，用減法也好，芳香生活是內省，是轉化，是成長，是休息，是活出真我的馨香。

最後，筆者希望以岑寧兒演唱的歌曲《這裡》的歌詞作結：

為了擁有／類似家的感覺
讓線香點起一縷寄託
……
轉一圈／到這裡
未來或者　／可能　／不知哪裡去
這一刻／仍可以活得感覺對
順從內心／不迷失於世界裡
閉目才看懂／心之所向／讓回家不靠幾道門牆
若還有呼／還有吸／能靜聽心跳多悠揚
……
走不走／也不怕／悠然自得／不求一磚半瓦
這一刻／由天／到地／到心／出發
自由地呼吸／回家

（作詞：陳詠謙、岑寧兒）

跋

作為從小在澳門長大的澳門人，澳門之於我既熟悉又陌生，自以為了解，其實不甚了解。就如氣味之於城市生活，人們每分每秒都在呼吸，與城市裡眾多的氣味不期而遇，自以為認識，其實不甚認識。

早年因緣際會，讓我有幸參與澳門藝術博物館的館藏研究，有機會近距離一睹上世紀乃至更早期的視覺藝術作品真跡，其中包括不少澳門風景畫，描繪了當時的視覺風景以及人文面貌，讓生於斯長於斯的我，不禁對澳門產生種種好奇。館藏作品中油畫顏料、帆布和木框留下來的那一點點歷史氣味痕跡，開啟了此後的澳門氣味景觀探索之旅。

疫情期間，我戴著口罩，與學生們一起，用感官民族誌的方式，考察澳門的各個角落。有時我們悄悄地拉下口罩，發現澳門的城市氣味景觀格外清新。後來復常通關，澳門的城市氣味隨著經濟發展、人口遷移、旅客人流等等，再次變得不一樣，而不變的是那種既熟悉又陌生的感覺。透過城市氣味探索，我們關注到平日很多習以為常又理所當然的事情。在研究過程中，我們也學會專注當下，重新認識自己生活的城市，重新認識內在真實的自己。

致謝

在此，感謝不同時期的研究助理 —— 麥明妍、施珮儀、莫茜、唐彩寧、鍾惠惠、戴子欽。感謝他們每一位用心嗅聞，記錄了當時的澳門城市氣味景觀。受篇幅所限，很多記錄遺憾未能一一刊載。感謝「永利紙料實驗室」創辦人黃競時及「薰禮店」創辦人凌芷欣願意抽出寶貴時間，分享關於芳香生活的洞見。感謝後浪設計協助書籍設計，讓抽象的城市氣味景觀活現眼前。感謝香港三聯書店的信任，再次有幸獲得團隊協助出版拙作。

謹以本書獻給每位願意一起嗅聞探索世界的舊雨新知，期望未來繼續以香會友。